MOABY PFEIFER E AMIGAS DE ROCHA

MULHERES
nas
NAÇÕES

Mulheres nas Nações
Women in Nations
1ª edição: 2020
Moaby Pfeifer

Coordenação Editorial
Nilce Sousa
Edição, revisão
Evelin Gonçalves
Suellen de Araújo Costa
Diagramação e Projeto Gráfico
Marcus V. P. Alcântara
Capa
Jonatas Santos

Publicado no Brasil por: Cevi Produções
CNPJ 07.856.521/0001-94
Caldas Novas, Goiás, Brasil
ceviproducoes@gmail.com
Instagram: @editoracevi

P527m Pfeifer, Moaby
      Mulheres nas nações = Woman in nations / Moaby Pfeiter e amigas
de
    rocha; Coordenação editorial: Nilce Sousa; edição e revisão: Suellen de
Araujo Costa; diagramação e projeto gráfico Marcus V. P. Alcântara. –
1. ed. – Caldas Novas-GO : CEVI, 2020.
    156 p.

    ISBN: 978-65-5642-036-3

    1. Mulheres missionárias – Narrativas pessoais. 2. Unidade. 3. Fé.
4. Autoajuda. 5. Conquista. 6. Empoderamento. 7. Trabalho social.
I. Sousa, Nilce. II. Título. III. Título: Woman in nation.

                                                     CDU: 920.91

Catalogação na publicação por: Onélia Silva Guimarães CRB-14/071

Alemanha, Europa

DEDICATÓRIA

Ao meu esposo, meu grande amor e amigo, Marcelo Pfeifer, sempre me incentivando e encorajando com sábias Palavras na minha vida.

Aos nossos filhos, Matheus Henrique, obrigada pelos seus elogios e honra.

Moyses, sempre sensível em me ouvir e dar atenção. Trouxe a revelação do nome do projeto Women in Nations.

Hadassa, nossa bonequinha de verdade e princesa, sempre muito firme comigo, me dando força! Como me disse: "Mãe, desapega e siga em frente", quando viemos para as nações.

Papai e Mamãe que me criaram com tanto mimo e amor. E que me levaram para o caminho do Senhor. Mãe, sou muito grata pelas suas intercessões.

Ao meu único irmão Charvston que sempre me incentiva e me anima com palavras proféticas, amo sua família.

AGRADECIMENTOS

Quero expressar minha gratidão pela bênção do nosso pastor José Rodrigues da MCM.

A minha discipuladora, pastora Juliana Rodrigues, que me inspira e me ensina com cada ligação no celular, solta sempre uma frase que alimenta e capacita o meu ministério e chamado.

A minha mentora, pastora Luzinete Peder, pela prontidão e disposição de me atender tão rápido e ser minha ouvinte. Sempre me ajudando durante esses anos aqui nas nações e que no início da minha vida na Alemanha disse: "Ainda vou receber um livro seu na minha caixa de correio." No momento achei difícil isso acontecer, mas hoje se torna realidade.

A minha discípula e amiga, pastora Evelin Gonçalves, que disse: "Vamos fazer seu livro?" Ela estava em nossa casa e disse: "Eu escrevo." Apenas sorri, mas aqui estamos juntas.

Pra Nilce Sousa, minha editora, obrigada pela paciência, por tanta excelência, organização, dedicação e prontidão.

E claro! A todas as minhas Amigas de Rocha e discípulas por me incentivarem a escrever este livro, inclusive com a participação de vocês. Muito obrigada por me apoiarem com suas orações.

APRESENTAÇÃO

Oi gente tudo bem com vocês? Eu sou a Moaby. Sei que é um jeito diferente de começar um livro, mas aqui estou. Eu nasci em Uberlândia – MG. Sou pastora, mãe e esposa. Sou aliançada a base missionária da MCM com a cobertura do Pr. José Rodrigues.

O que eu vou contar para vocês é a trajetória de como eu cheguei até o outro lado do oceano e o que Deus fez comigo. Junto com algumas das minhas amigas as quais eu carinhosamente apelidei de: "Amigas de Rocha".

Eu sei que vocês estão curiosas para conhecer um pouco da minha história de vida e serem inspiradas pelos ensinamentos que Jesus deu a mim e às minhas queridas amigas. Meu desejo é que você descubra o seu lugar em Deus e ouse sonhar os sonhos do Senhor e realizá-los.

SUMÁRIO

INTRODUÇÃO

Vivemos tempos em que a feminilidade tem se perdido e junto com ela a beleza e a força que residem no fato de haver sido criada mulher. Dia a dia somos bombardeadas por uma série de informações e ensinos conflitantes sobre nosso papel no lar e na sociedade, saturadas por inúmeras falsas soluções para nossos conflitos, que na realidade nada fazem a não ser potencializar a crise.

Por entender isso, gostaria de convidá-la a passear comigo nessas páginas e ser inspirada não por uma super mulher, mas uma mulher comum que ousou render-se a um Deus extraordinário e deixou-O guiar todos os seus passos.

Mulheres nas nações é a convergência entre o chamado para servir ao Senhor em missões estendendo a mão ao faminto por salvação e com as mesmas mãos solícitas e caridosas cuidar dos seus, servindo à família, alimentando seus filhos e trazendo algum conforto a seu companheiro, pois entendemos que isso é ser uma mulher bíblica e deixar de fazê-lo é macular um chamado demasiado especial.

Reunimos aqui ensinos muito preciosos de diversas amigas que no exercício de seus ministérios e especialmente em suas vidas de consagração ao Senhor receberam do céu e espero de todo coração que eles tragam edificação, encorajamento e alinhamento a sua vida, levando-a desfrutar da plenitude da feminilidade.

O Chamado

Infância e Conversão

Costumo dizer que meu nascimento já foi turbulento, pois minha mãe teve um parto difícil. Na ocasião o médico que iria realizar o parto cesáreo estava viajando e as coisas se complicaram um pouco. Era dia 02 de janeiro de 1977 (sim, eu vim ao mundo exatamente um dia depois do ano novo) e com a ausência do médico oficial o seu substituto tentou fazer parto normal. Deu certo, mas foi puxado a fórceps e com a força quebraram a minha clavícula entre outros detalhes que eu contarei no meu próximo livro.

Assim, nasceu essa menina, primeira neta do lado materno e primeira neta do lado paterno e também primeira sobrinha. Bom a consequência era óbvia: fui muito paparicada pelas tias. Durante a minha infância tive uma linda surpresa. Aos nove anos de idade meu tio levou a gente para uma igreja na minha cidade em Uberlândia - Minas Gerais.

Era uma igreja Batista que ficava em uma comunidade pequena e lá foi feito um apelo: Quem quer receber Jesus como seu único e suficiente Salvador? Lembro-me que eu estava com algumas amigas de infância, que até hoje me acompanham, e aquela pergunta me tocou e eu falei: Uai, entregar a vida pra Jesus?

Eu nunca tinha frequentado uma igreja e então respondi: Eu quero! Eu quero sim esse Jesus! Então, eles cantaram uma linda canção que fala: "Jesus em tua presença, reunimo-nos aqui, contemplamos tua face, rendemo-nos a Ti. Pois um dia a tua morte, trouxe vida a todos nós e nos deu completo acesso ao coração do Pai..."

E com essa canção eu fui a frente sorrindo, e achando tudo muito engraçado, coração inocente. Assim foi a minha conversão com nove anos de idade rindo sem ter muito entendimento e maturidade. Mas com toda a minha inocência Deus me levou a sério porque desde aquele dia que eu recebi Jesus, nunca mais me esqueci. Foi o dia mais lindo e feliz da minha vida e até hoje eu jamais me afastei de seus caminhos. Sempre gostei e desejei caminhar e amar o meu Deus, amar o meu Jesus e ter o Espírito Santo de Deus.

"O silêncio da alma abre os ouvidos espirituais para ouvir a voz de Deus."
Miriam Delfino

Ministério com Mulheres

Aquela menina cresceu, casou-se, formou sua própria família e um dia teve o privilégio de ser chamada ao ministério e consagrada ao pastorado e confesso que quando eu e meu esposo fomos consagrados a pastores eu, sinceramente, pensava que seríamos mais um casal de pastores locais e foi o que aconteceu.

Eu creio que Deus tinha outros planos para nós, pois sempre sinalizava isso de alguma forma, porém como a nossa fé só ia até ali, Ele nos permitiu pastorear por algum tempo. Mas, rapidamente Ele nos colocou no eixo dos Seus sonhos.

As coisas começaram a mudar justamente quando eu aceitei um convite e fui para um congresso de mulheres com um nome sugestivo: "Eu Me Deixo Curar". Apesar do nome, aquele não era apenas um congresso de cura interior, muito embora seja necessário compreender que mesmo sendo pastora ou líder sempre precisamos passar por curas.

Somos seres humanos e frágeis e por isso costumamos aceitar palavras que não devemos aceitar; e rejeitamos as que deveríamos aceitar. Isso abre em nós feridas emocionais, que se não tratadas se tornarão físicas. Pois bem, lá estava eu. E do primeiro ao último minuto fui massacrada, moída e confrontada. Trataram de feridas que eu nem imaginava.

"Você não é esponja para absorver tudo que chega até você, mas sim filha do Abba com capacidade de filtrar o que te edifica."

Erika Baldinger

Voltei de lá transformada, curada e impactada, sem falar no desejo ardente de cuidar de mulheres. Eu disse ao Senhor: "É isso que eu quero para mim. Pode me usar." Mas como fazer isso?

Quando acabou o congresso fui visitar uma igreja o Pr. José Rodrigues estava ministrando naquele dia. Lá me deparei com mais uma novidade: Oferta de Resgate para as Nações. Uma oferta anual que é investida integralmente em missões e na abertura de novas frentes nos povos não alcançados.

Acontece que eu já tinha ofertado no congresso e não tinha mais nada de valor para oferecer. pelo menos é o que eu pensava. Então estabeleci o seguinte diálogo com o Deus:

- Ah, Senhor! Eu não tenho mais espécie para ofertar.

Ao que Ele sem demora me respondeu:

- Você tem. Você tem algo de valor. Você tem um anel no seu dedo.

Aquele era o anel que eu tinha ganhado no dia da minha consagração. A igreja local se reuniu e comprou para mim. Era lindo. Uma verdadeira joia, encrustado com rubi e pedras brilhantes e ainda tinha duas folhas de trigo. Vou repetir: lindo demais. E é claro que eu fiquei relutante.

- Mas eu vou dar o anel da minha consagração de pastora? Uma lembrança tão forte da minha vida.

Aí o Espírito Santo respondeu:

- Pelo menos é o que você tem de valor. Você disse que não tinha, mas você tem ele.

Não deu outra. Entreguei o meu anel. Entreguei o que representava o meu ministério. Foi uma experiência muito forte porque marcou o início da minha caminhada.

"Quanto mais conheço o amor de Deus, mais deixo de fazer a conta de quanto ganho ou quanto perco, apenas me lanço aos teus pés e o sirvo e o adoro!"
Luciana Vieira

Quando cheguei em casa quase sufoquei meu esposo com tantas novidades e nós combinamos de ir, assim que fosse possível, conhecer a MCM. E o dia chegou. Fomos a um congresso sobre Paternidade e lá meu esposo conheceu o Pr. José Rodrigues; conversou com ele e nós não tivemos dúvidas de que queríamos estar aliançados com aquele projeto, visão e modelo e assim decidimos caminhar juntos debaixo da nossa base missionária da MCM.

Mal cheguei na minha cidade, Uberlândia – MG, comecei o trabalho com as mulheres da igreja local. Fazia discipulados na minha casa. Montava a mesa posta com decoração, lembrancinhas e até mesmo o convite para o dia do discipulado era personalizado. Tudo feito com muita excelência e amor. E com o discipulado coletivo veio também o atendimento individual.

Lembram do primeiro congresso que eu fui? Pois bem, lá também lançaram um desafio para levarmos o "Eu Me Deixo Curar" para nossa cidade, nossa igreja. E eu, é claro, peguei aquele recado. Não demorou muito e nós fizemos na nossa igreja. No primeiro ano convidamos outras igrejas. Vieram pastoras de outras cidades para participar e com elas o crescimento foi evidente. Em poucos anos se tornou regional. Nós atingimos toda a região do Triângulo Mineiro. Cresceu muito para a Glória de Deus.

"Caminhando rumo ao PROPÓSITO de DEUS"

Adoradora Rossana Oliveira

Novos Desafios

O novo tempo em nossa vida ministerial trouxe consigo novos desafios e paralelo ao ministério com mulheres, meu esposo e eu começamos a participar dos encontros de pastores da MCM. Em um desses encontros, na cidade de Caldas Novas – GO, o Pr. José Rodrigues ministrou sobre começar uma unidade de pastores nas nossas cidades. Fomos desafiados a começar um movimento para gerar avivamento; gerar transformação. E nós, imaginem? Pegamos aquela mensagem. O impacto que gerou em nosso espiritual foi muito forte.

No final da reunião fomos até o pastor para nos prontificar a atender o desafio. Pensávamos que ele iria orar por nós. Mas ele só colocou a mão em nossas cabeças e disse: "Leve o fogo do avivamento por onde vocês forem". E aquela palavra profética deu início a um novo tempo.

Aí lá fui eu de novo, voltei para minha cidade determinada a cumprir o desafio. Peguei um caderninho, que tenho até hoje, e escrevi o nome das pastoras que eu conhecia. Depois dobrei o meu joelho e orei: "Espírito Santo como eu vou fazer essa unidade que o pastor José estava falando?"

Até porque já existia um conselho de pastores, mas tudo indicava que Deus tinha me escolhido para fazer a unidade com as mulheres. Ele me direcionava para isso. Então resolvi anotar o nome delas no tal caderninho e comecei a orar. E posso garantir que quando nós oramos, Deus responde.

Desta vez a resposta da oração veio através da Pra. Juliana, minha discipuladora. Ela ligou para sua irmã, também pastora, Luciana Protásio e disse para ela nos convidar para tomar um café, já que morávamos na mesma cidade. E lá fomos nós. Na hora de ir embora a pastora Luciana me disse: "Moaby vamos começar a orar juntas pela cidade de Uberlândia e umas pelas outras?"

Naquela mesma hora eu identifiquei aquele convite como a resposta para a minha oração. Uma pessoa para me ajudar a levantar algo na cidade. Respondi que aceitava a ideia e se poderia ser na casa dela. Ela concordou e nós começamos. Orávamos pela cidade e pelo país. E eu contei para ela da minha listinha de amigas e perguntei se poderia convidá-las para adorar ao Senhor, compartilhar a Palavra e orarmos e ela rapidamente aceitou.

Como ela aceitou corri ligar para as pastoras da listinha para convidar. E o movimento começou a ganhar forma. Só que a Pra. Luciana, que é médica, precisou ir embora. Ela retornou para a cidade de Trindade – GO com sua família.

Confesso que me entristeci e pensei haver ficado sozinha no projeto. Mas o Senhor me capacitou, me animou, me fortaleceu e eu levei esse grupo de pastoras para minha casa. Começamos com um grupo pequeno e hoje tem mais de 50 mulheres que se reúnem na cidade de Uberlândia. E foi necessário dar um nome e nós optamos por Unidade de Pastoras de Uberlândia.

O Senhor acrescentou mulheres, o local mudou, o projeto até mesmo se expandiu para Uberaba - MG. Mas víamos o Senhor atuando em cada detalhe. A condução do encontro, que não era um culto, veio através do Espírito Santo.

Aquele era um encontro diferente onde nós criamos vínculos de amizade; oramos umas pelas outras; apoiamos o evento uma das outras; cobrimos umas às outras em oração; frequentamos a casa uma da outra; frequentamos a igreja uma da outra; pregamos na igreja uma da outra; nos tornamos amigas de ministérios: AMIGAS DE ROCHA.

"Se houver o altar preparado, pelo quebrantamento, arrependimento humilhação e adoração, então o ambiente está propício para o agir de Deus e o fogo descer".

Missionária Alice Friedrichque

CAPÍTULO 2

Meu Testemunho nas Nações

"O verdadeiro campo missionário é aquele que é regado por lágrimas e gemidos, frutos de um coração que se importa!"

Fabiana Trindade

Gostaria de dedicar-me um pouco a compartilhar minha experiência com missões e aquilo que tenho aprendido de Deus servindo às nações e a tantas mulheres que hoje estão distantes de seu lugar de origem.

Conheço muitas mulheres que amam e anseiam servir ao Senhor nas nações. Mas, comigo foi um pouco diferente quando nos mudamos para a Alemanha. Como eu disse no início, eu sabia que Deus nos queria para além das fronteiras e assim Ele cuidou para que acontecesse.

Confesso que vir para outra nação para mim não foi fácil, como talvez não tenha sido para algumas de vocês que agora leem esse livro. Tem mulheres que amam, desejam, oram e não veem a hora de ir para as nações servir ao Senhor. Mas, comigo foi diferente, eu pensava que as coisas iriam se dar de outra maneira.

De alguma forma eu queria servir ao Senhor em missões e estava inclusive me programando ir ao projeto da MCM: Viúvas da India. No entanto, nesse mesmo ano meu esposo me disse que deveríamos nos mudar para a Alemanha. Quando ele ouviu a Deus que era para ele vir para cá foi muito difícil para mim e por isso quero contar um pouquinho da minha experiência dolorosa, porém frutuosa sobre o desapego, renúncia, e sobre abrir mão de tudo para atender o chamado e ir para as nações.

Eu sei que muitos já passaram por coisas iguais ou semelhantes a essa. Podem até ter sido pior, mas eu quero contar para vocês como foi para mim. E espero que possa edificá-lo e encorajá-lo nas suas renúncias. Como disse a ordem de Deus me pegou de surpresa e quando meu esposo me comunicou que iríamos mudar eu discordei de imediato.

Preciso dizer que embora eu fosse uma mulher muito disposta em servir a Deus, naquela ocasião eu fui realmente desobediente, insubmissa, rebelde, e Deus me falou isso. Normalmente é isso que acontece quando você reluta em obedecer esse tipo de IDE.

"Como seria minha vida nas nações se o meu *SONHO* fosse *Amar a Deus de todo coração, alma, força e entendimento*?"

Neusa Carvalho Silva

Sabe o que aconteceu? Eu adoeci. Fiquei de cama e muito fraca. Tudo porque eu entrei em choque, em desespero. Eu pensava que não era apegada, mas eu era sim, apegada a família, as coisas, pessoas, cidade e ministério, e abrir mão de tudo isso foi desesperador para mim. Aquilo tudo parecia ser mais difícil do que eu podia suportar.

A primeira coisa que eu tive que abrir mão foi do nosso primogênito. Na época, o meu filho mais velho Matheus cursava Engenharia Aeronáutica na Universidade Federal e não poderíamos interromper seus estudos. Houve uma quebra catastrófica para mim nos meus protocolos pessoais porque eu sempre dizia que meus filhos iriam sair de casa somente formados para trabalhar ou para casar. E aconteceu exatamente o contrário a mãe saiu e o filho ficou.

Confesso que aquilo tudo foi muito doloroso. Mas sabe de uma coisa, você que vai passar ou está passando por essa experiência de ter que deixar um filho para ir às nações. Você não está deixando seu filho só. Sabe quem vai ser o pai? O Pai, Deus! Porque Deus tem cuidado dos nossos filhos e até aqui tem nos ajudado o Senhor: Ebenézer. E além disso o cuidado do Senhor com os nossos é muito melhor e maior do que nossos melhores esforços poderiam conseguir e hoje eu entendo isso, mas naquela época foi difícil deixar o Matheus.

Uma outra situação foi a despedida dos familiares. Parecia que iam tirar de mim tudo o que conheci neste mundo. O sentimento é como se tivessem arrancando as pessoas de mim, cortando todos os laços familiares. Foi uma despedida dolorosa, mas hoje eu tenho família de fé aqui nas nações, amigos mais chegados que irmãos exatamente como a Bíblia promete.

Eu ganhei muita gente, porque o Senhor não fica devendo nada para ninguém. O Senhor não tira algo para nos machucar, mas Ele faz aquilo e nos recompensa de outra maneira e assim tem sido até hoje.

A questão de largar pai e mãe, como a Bíblia ensina que *"Aquele que não largar pai e mãe não é digno de mim"*, depois de muitos anos eu tenho vivido esse versículo. Afinal, durante muitos anos eu tomei café todos os dias com meus pais porque morava na casa de baixo e os meus pais em cima. Eu vivi intensamente esses momentos e convido você que está lendo deve fazer o mesmo, para que jamais haja arrependimento.

Hoje eu fico tão aliviada em saber que curti tanto os meus pais, pois Ele já sabia que um dia eu iria morar muito longe deles. Eu tive a oportunidade de curtir os meus pais durante todos esses anos: tomando café com eles, fazendo hidroginástica e compras com a minha mãe. Ela foi uma companheira maravilhosa, mas chegou a hora da separação. Isso é bom para o nosso amadurecimento. É o corte do cordão umbilical. Isso acontece com as mulheres desbravadoras que vão para as nações.

"Quando você fizer questão da Presença e a promessa estiver esquecida; é porque Ele marcou a data promessa."

Ana Regina

Ninguém é insubstituível

Outra situação complicada para mim neste período foi deixar, renunciar a igreja local. Realmente no dia em que eu fui assinar o papel da renúncia da vice-presidência da igreja senti na pele a entrega do meu Isaque. Gente, aquela igreja era o meu sonho. Ela era o meu grande amor. Ela era como um filho.

É isso que a missionária passa, as mulheres que vão para as nações. Elas também têm que abrir mão da sua igreja local para ir onde o Senhor as enviou. Mas hoje eu afirmo que aquela igreja está até melhor do que quando estava conosco, sabe por que? Porque na época foram nossos discípulos que também considerávamos filhos que tomaram a frente da igreja.

Tivemos que abrir mão, mas também crer que havíamos treinado e discipulado pessoas responsáveis, e assim foi, os que ficaram deram continuidade a obra que começamos naquela cidade porque ninguém é insubstituível. O Senhor me ensinou assim: a igreja não é sua, a igreja é minha. Então, Eu cuido, Eu escolho o tempo, quem vai ficar e quem não vai ficar. Entendam a igreja é do Senhor.

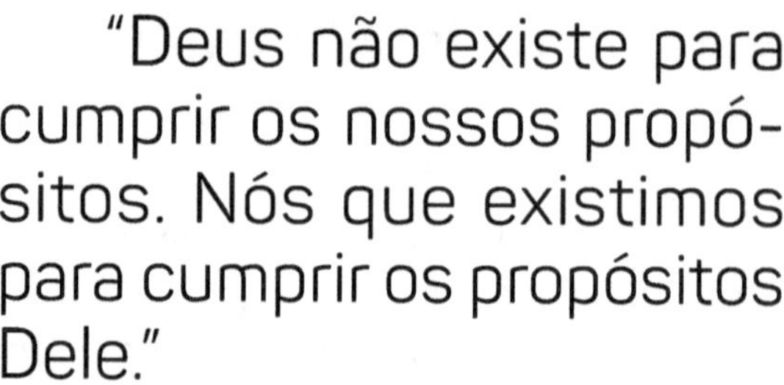

"Deus não existe para cumprir os nossos propósitos. Nós que existimos para cumprir os propósitos Dele."

Helen Klein, coach cristã

Perdi ou amadureci?

Outra coisa que eu tive que abrir mão era de ser pastoreada por um amigo. E eu tinha a minha pastora, mentoras, discipuladoras. Aquelas que seguravam todos os problemas comigo, davam puxões de orelha quando necessário, enfim eram quem cuidava de mim. E quando eu vim para as nações tive que amadurecer e crescer.

Como Paulo diz: deixar de ser como meninos, deixar de pensar e agir como meninos. Fui obrigada a amadurecer na vida cristã para que eu pudesse sobreviver mesmo longe, bem longe das pastoras e mentoras que eu tenho e amo.

Então, muitas vezes a mulher que vai fazer missões, vai se afastar e ficar longe da sua pastora, discipuladora e mentora, e nós temos que estar preparadas para ter esse nível de maturidade.

Gente e os meus amigos? Pensa. Eu tive amigos de ministério, amigos mais chegados que irmãos. Amigos sempre dispostos a me socorrer em qualquer hora ou lugar. E eles também ficaram lá. Na vida passada.

Aí você me pergunta por que a gente tem que deixar o passado para viver o novo de Deus? Porque olha só, estava até comentando com meu esposo durante uma viagem para a Holanda onde íamos ministrar, que aqui na Europa nós conhecemos muito mais gente do que nós conhecíamos no Brasil? Olha o que Deus faz, eu não perdi amigos; eu ganhei mais amigos.

Então Deus é um Deus que restitui. É um Deus que devolve e o mínimo de devolução é o dobro. E hoje eu tenho o dobro de amigos que eu tinha no Brasil. Mulheres, que vão as nações, tem que abrir mão de amigos para fazer novos amigos. Tem que abrir espaço na sua vida para as novas pessoas que o Pai quer te conectar.

"Sem tomada de consciência não há mudança de atitude"

Dra. Adriane Alves

Cadê minhas coisas?

Depois de muitos anos eu tinha finalmente ganhado meu carro dos sonhos. Um carro automático que eu acelerava, pisava fundo e ele voava como um avião. Eu colocava louvor, uma música bem alta para tocar enquanto levava minha filha para a aula de teclado. Nossa, que sonho, mas o Senhor também pediu, e nós abrimos mão disso.

Depois de vinte anos nós reformamos a nossa casa e mobiliamos com os móveis dos meus sonhos também. Os móveis eram belíssimos. E chegou o tempo que eu tive que abrir mão deles também e deixar eles irem. As mulheres que vão para as nações também entregam a sua casa e seus pertences. Como meu pastor José Rodrigues sempre fala: que vidas, valem mais do que coisas.

E não é que a temida hora chegou? A hora de arrumar as malas. Pensem no tormento quando eu descobri que só poderia levar 32k em cada mala. Estava deixando minhas roupas, meus sapatos, minhas louças, tudo. Pronto. Foi mais um motivo para eu surtar. E quando a gente surta o que a gente faz? Ligamos para nossas pastoras.

Foi exatamente o que eu fiz, eu liguei para ela que com toda a sua sabedoria me disse: Vá até a sua cozinha, escolha três mimos. Eu fui e escolhi três bonequinhos que é a cebola, o alho e a pimenta. E aí ela falou: você leva esses três bonequinhos da sua cozinha para que todas as vezes que você olhar lembrará que um dia você teve uma casa no Brasil.

Isso também acontece com as mulheres que vão para as nações: abrir mão da sua própria casa. Eu também

tive que sair da minha casa própria, depois de vinte anos e reformada, eu abri mão, por que? Repito por que vidas valem mais do que coisas, e foi isso, abrir mão, renunciar, deixar o passado ali e olhar firmemente para o autor e consumador da nossa fé. Olhando para o foco. E o foco que o Senhor me apontava era: vai para as nações e deixa tudo, largue tudo. E tendo obedecido posso afirmar algo: Vale a pena ser fiel!

"Tem projeto que nasce no coração de Deus, mas é abortado no coração do homem."
Pastora Simone Cristina da UMSC

Quando nós chegamos no destino que Deus nos enviou, Alemanha, estava em pleno verão e todos me falaram: "Ainda bem que você não chegou no inverno, por que você iria ficar muito assustada e voltar para trás". Mas não bastava só o inverno para poder voltar para trás. Todas as dificuldades que a gente começa a enfrentar vem uma voz do inimigo dizendo: Volta! Não sei você, mas eu ouvi muito essa voz.

E o choque cultural?!? A primeira experiência ruim quando você chega no lugar e ainda não está na sua casa. No meu caso nós chegamos em um apartamento de temporada onde havia poucos móveis. A sala estava vazia, não tinha televisão e nem sofá para sentar, só tinha uma mesa. Nos quartos tinha uma cama de casal e outra de solteiro, e no terceiro quarto, que era da minha filha, a cama era um colchão no chão. Não tinha panelas, não tinha garfos. Enfim um furacão estava nas minhas emoções.

Essa sensação é muito estranha quando você chega em uma casa, e no meu caso eu tinha uma vida confortável e estabelecida e vai para um lugar assim, que susto! Que susto!

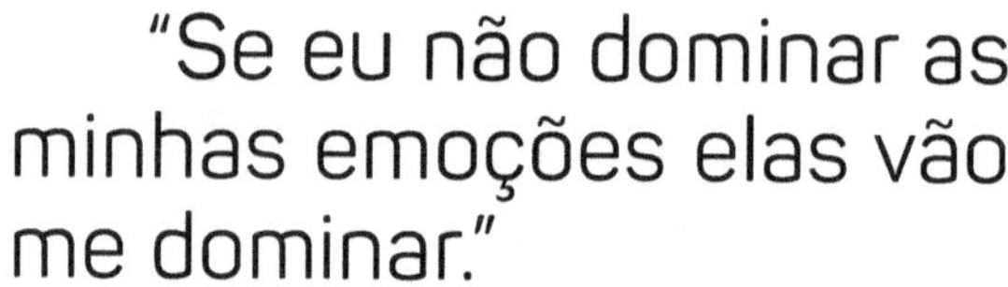

"Se eu não dominar as minhas emoções elas vão me dominar."

Helen Klein, coach cristã

Aí vem a questão da pressa, quando se está ansioso esquecemos até daquele versículo: *"Esperei com paciência no Senhor, e Ele se inclinou para mim"*, pois é tomado pelo pânico. Porque você quer ter casa, ter aquela vida que você tinha antes, no meu caso minha ansiedade era por dar conforto para os filhos e que eles não sofressem tanto a mudança.

Quem tem filhos e os leva para as missões não quer deixá-los desconfortáveis. É comum pensar: eu tirei eles do conforto para o desconforto. Mas no início tudo é naturalmente desconfortável, pois tudo é novo, tudo é diferente, nada mais vai ser igual. E a gente luta querendo fazer com que fique igual a vida que nos tínhamos no passado, mas é o tempo de viver o que a palavra de Deus fala: "Eis que faço novas todas as coisas". Temos que estar preparadas para isso.

O que nos sustenta é o nosso amor pelo Pai. Porque hoje se você me perguntar até aqui o que te sustentou? O que não te fez desistir? O que não te fez desanimar? O que não fez você voltar para trás? O amor pelo Senhor, porque quem ama suporta; quem ama espera. O amor é tudo.

Hora das Compras

Toda mulher gosta de fazer compras. Principalmente ir ao supermercado. Depois de tudo o que você leu até agora imaginem como foi minha primeira ida ao supermercado alemão. Um país com idioma bem difícil e que eu não sabia falar. Eu fiquei cega, surda e muda.

Essa é a sensação que temos quando chegamos em um país com outro idioma. Surdo porque você não entende e não ouve; mudo porque não fala o idioma então é melhor ficar calado; e cego porque você não enxerga as coisas, o choque não te deixa enxergar.

A minha primeira experiência no supermercado foi horrível porque fiquei perdida e quando cheguei em casa chorei muito desesperada. Essa experiência ruim que eu estou contando para vocês é para que saibam que nem tudo é um mar de rosas. Nem tudo é perfeito e tenho que contar a realidade neste livro.

Eu preciso contar o que deu errado. Eu preciso falar das dificuldades e as lutas que nós enfrentamos para você, que ainda não veio para as nações, entender e saber o que acontece. E como nós devemos reagir, superar isso tudo. Eu levei um choque tremendo e disse: Senhor, não vou dar conta de viver nesse lugar.

Nova cultura, novo estilo de vida

É tudo muito diferente. Por isso é bom antes de se estabelecer em qualquer lugar estudar um pouco da cultura, para evitar surpresas desagradáveis e desnecessárias. Se bem que só aprendemos mesmo quando vivemos.

Até a alimentação é diferente. Eu, por exemplo, não conseguia encontrar o arroz e o feijão que é a base da nossa comida brasileira. E nós queríamos manter o hábito alimentar. Queríamos e insistíamos em encontrar produtos iguais ao do nosso país, mas nem sempre vai ter.

Precisamos ser adaptáveis. Deus nos fez adaptáveis ao clima, ao lugar, ao alimento, a novas pessoas. É tudo novo. Então basicamente nós começamos a experimentar a culinária e a saborear a comida alemã. Temos que conhecer a comida do país sem murmurar, sem reclamar. Fizemos isso e sabe o que aconteceu? No tempo de Deus descobrimos outros mercados, de outras nacionalidades, onde eu encontrei o feijão.

Abençoado sejam os donos dos mercados russos. No início é difícil porque temos que estar preparados para comer um outro tipo de alimento. Talvez durante um bom tempo. Isso é tratamento de Deus. Saber esperar também é. A submissão de viver neste novo contexto cultural e culinário geralmente é relutante.

Outra situação em que relutamos é em querer assistir um programa de televisão na sua língua e você não vai encontrar. Quando você liga a televisão e vão passar algo da cultura daquele país e você fica relutante em não querer assistir, sabe por que? Porque não tem nada que você esteja habituado. Mas nós precisamos nos integrar. Nós precisamos nos acostumar com outro lugar.

Eu me lembro que eu saía na rua e não enxergava nenhuma das belezas da Alemanha. Durante um ano eu fiquei cega, surda e muda, porque eu não conseguia entender o que eles falavam, não conseguia falar nem me comunicar e eu não conseguia enxergar nem mesmo a beleza do país. Porque o inimigo tentava me falar que tudo aqui é diferente; nada aqui é bonito; o que é bom é o seu país, onde você estava, lá sim era bom; lá é o seu lugar, volta! Volta! Volta!

E aí é aquela luta da nossa carne com o nosso espírito e com a nossa mente. Eu entrava em desespero, chorava e falava com o meu esposo: Eu quero ir embora, eu quero ir embora daqui!

A questão do desespero também vem quando bate a dificuldade. E as vezes você até torce mesmo para vir uma dificuldade só para falar: "vamos voltar!" Mas eu quero te dizer: NÃO VOLTE! Porque tem muita coisa para Deus fazer. Tem muita coisa para acontecer.

Embora houvesse essa batalha no meu interior, em todas essas dificuldades o Espírito Santo teve muita paciência comigo. Porque eu dei muito trabalho, muito trabalho para Deus, para o meu esposo, para os meus filhos e para a minha família. Até eu entender, adquirir maturidade e deixar de birra ou chorar como uma criança que queria aquele pirulito que me tiraram, até que entendi que era tempo de parar de chupar o pirulito, comer uma comida sólida e amadurecer.

O Senhor nos tira muitas vezes da zona de conforto para nos levar para um lugar de amadurecimento. Um lugar em que a gente cresça em nome de Jesus. Assim, eu fui aprendendo, construindo novos relacionamentos, conhecendo gente de outras nacionalidades, alemães, italianos dos quais sou descendente.

Eu fui parar de novo na escola e que lugar divertido porque tinham pessoas mudas e surdas como eu, que não sabiam falar o idioma e também não entendiam quando ouviam. Então vocês imaginem a salada sonora que tinha naquela sala. A escola foi muito boa pra mim.

Eu quero deixar isso com você, quero repetir: não volte, não volte no seu tempo, mas viva o tempo de Deus. Porque em todas essas coisas hoje eu posso falar, se me perguntarem: hoje você volta? Não! Hoje eu já sei lidar com as situações, com as dificuldades, com as adversidades, com os problemas que são muitos. Mas antes, todo dia no primeiro ano eu queria voltar. Eu quero deixar essa frase em destaque: "Não volte, sem o sim de Deus!".

"Mulheres nas nações tem que ter atitude e coragem para fazer a vontade de Deus."

Raquel Heffels

Ei, Fica Tranquila!

Ei, fique tranquila porque tudo vai chegar ao seu lugar. Não sei qual é a palavra que pode ser usada com essa comparação. Talvez seja tudo vai se organizar, vamos se dizer assim. Aí, você vai para a escola para aprender o idioma, como eu. Vai ouvir e falar como uma criança. Depois começará a fazer compras sozinhas. Chegará esse tempo, fique tranquila! Está tudo bem! E o Espírito Santo falava isso comigo. Fique tranquila, Moaby, está tudo bem!

Eu não fui exigida de Deus pelas minhas dificuldades. A minha família, a Trindade, teve paciência comigo. Eles viram a minha limitação, as minhas debilidades e Eles me entenderam. A Trindade de Deus, a nossa família. Eles são compreensíveis, maravilhosos, e me ajudaram muito com essa frase "fique tranquila, vai dar tudo certo". O Espírito Santo sempre me dizia isso, e realmente deu certo.

Eles me ajudaram muito e eu um dia comecei a ir no supermercado sozinha. Consegui comprar, mesmo em muitas das vezes, não entendendo os vendedores. Porque afinal o idioma alemão não se aprende do dia para a noite. Aliás, nenhum idioma. Mas eu conseguia fazer compras sozinha. Consegui ir para o centro da cidade sozinha comprar as minhas coisas. Eu comecei a encontrar as coisas. Porque antes eu ligava para minha mãe e dizia: Eu não consigo comprar roupa aqui, eu não consigo comprar nada para mim.

Tudo porque eu não aceitava estar no país. Parece que nada que o país tinha para me oferecer me servia. Porque eu estava rejeitando o lugar e rejeitando o que ele tinha, mas quando eu comecei a me adaptar foi porque confiei nessa voz "Ei, fique tranquila! Nós estamos com você, vai dar tudo certo, já deu tudo certo." Se você confiar conseguirá se acostumar com o ambiente em que mora. Você vai se acostumar a ir ao supermercado; ir ao centro da cidade; fazer compras de roupas ou sapatos. Você então, estará livre mentalmente para andar, conhecer e amar a sua região.

O Despertar

Deus me levou a ter uma experiência muito linda. Conheci uma amiga de rocha e começamos a fazer caminhada no segundo verão que eu estava morando aqui. E nestes percursos o Senhor me despertou a orar pela cidade. Ele disse: "Levanta as suas mãos e comece a orar pela cidade que você mora". Porque Ele escolheu a cidade que nós viemos morar.

Deixa eu contar essa parte para vocês. Nós planejamos morar numa cidade chamada Bochum, mas o Senhor escolheu Gelsenkirchen. E foi aqui que as portas abriram. Então eu obedeci e iniciei minha oração naquele verão. Sabe o que aconteceu? Eu comecei a amar a minha cidade, a amar o lugar que Deus nos plantou.

A oração coloca amor no nosso coração. Foi a forma que Deus começou a trabalhar na minha vida para eu aceitar e amar estar aqui. E com as portas abertas conseguimos alugar a nossa casa, ufa! Que alívio! Que maravilha! Finalmente vou ter a minha casa!

Mas lembre-se, nada de pressa. Ninguém monta uma casa do dia para a noite. Afinal a minha casa para ficar em ordem demorou vinte anos no Brasil, e você chega no país e quer uma casa pronta de uma hora para outra? Não. Você vai montando a sua casa aos poucos com muita paciência. Lembra do versículo? *"Esperei com paciência no Senhor e Ele se inclinou para mim"*, temos que ter a paciência de tentar montar uma nova casa.

O Valor agora é outro

Um outro detalhe importante é aprender a mexer com o dinheiro local. Olha só a primeira coisa que aprendi a falar em alemão foi: "Wie viel kostet das?" (Quanto isso custa?) Meu esposo até fala: você aprendeu de propósito essa frase. Porque mulher gosta de comprar não é gente? Aprendi também os números, minha filha me ensinou a decorar os números em alemão para poder me virar e comprar sem ajuda.

Mulheres que vão às nações precisam aprender a mexer com dinheiro; aprender a usar a moeda do país que está; tem que vir com interesse e estudar o tempo todo. Estudar a moeda, a cultura, a culinária, e tantas outras coisas como os produtos de limpeza. A primeira vez que comprei um produto para limpar a casa foi complicado.

Cheguei na prateleira do supermercado não tinha quem pudesse me explicar nada ali. Então eu pegava um qualquer lá, chegava em casa e tacava o produto no chão. E os pés começavam a pregar. Pensa nos meus meninos: "mãe, o que é isso?" Era só risada. Tudo porque não conhecia os produtos de limpeza.

Isso acontece até que o Senhor nos dá habilidade para conhecer. Porque eu também não sabia ler os produtos de limpeza em alemão. Não sabia ler ou traduzir. Então me enganava. Os produtos de limpeza são diferentes. Mas eu superei, e fui dando conta de comprar os alimentos, as coisas para mim, comprar os produtos de limpeza, mesmo apanhando um pouquinho.

"Quanto menos, mais."
Fabiana Padilha

Limpar faz parte, mas como?

E também tem a questão de aprender como se faz limpeza naquele país, por exemplo: aqui na Alemanha não se usa vassoura para varrer a casa. E eu queria uma vassoura. Andei muito, me desgastei e vivia falando: "Eu quero uma vassoura porque eu quero limpar a minha casa igual a do Brasil! A minha luta sempre era tentar imitar o Brasil. Tentar fazer da Alemanha o meu Brasil e isso não funciona.

Tentar fazer do país que você está igual ao país que você veio, da sua origem. Até que eu me adaptei e me converti ao aspirador de pó. Até mesmo porque é melhor do que uma vassoura, mas foi difícil aprender a nova forma de limpar a casa. Oh gente, como mulheres nas nações sofrem um pouco nessa área. Não sei você, mas em tudo isso a gente poder se adaptar: a limpeza da casa, usar os aparelhos domésticos. E muitos aparelhos domésticos são diferentes, inclusive o meu fogão, que não é igual ao do Brasil.

Temos que ter amor a tudo isso, ter paciência. Temos que deixar Deus nos ensinar a se adaptar com tudo: pessoas, lugares, acessórios, eletrodomésticos, etc. Apesar das dificuldades devemos ser abertas para o novo de Deus. E o novo de Deus pode ser aprender como limpar uma casa em uma outra nação, com outros tipos de produtos, outros acessórios, por exemplo: não tem vassoura? Vai para o aspirador! E conhecer de tudo um pouco ali, principalmente a moeda e como lidar com essas diferenças. Então, fique tranquila, você não está só, fique tranquila!

> "Uma mulher com sua identidade afirmada por Deus é capaz de romper cadeias e bloqueios que o inimigo tenta usar para lhe paralisar."
>
> **Lenir Araújo do The Woman's voice**

Perda dos entes queridos

Outro momento que as mulheres nas nações também passam é a perda de um ente querido. Quando viemos embora para as nações nós nos despedimos de nossos familiares sabendo que muitos deles não vamos nunca mais retornar a ver. Isso é doloroso. Nós temos consciência de que iremos passar por isso, mas quando chega o momento é muito difícil.

Eu me recordo que no segundo ano vivendo aqui perdi um tio muito querido e que gostava muito de mim. Ele morreu de enfarte fulminante. Foi difícil para mim quando a ficha caiu que realmente eu não poderia estar lá com os meus parentes, meus familiares. Não iria abraçá-los, confortá-los. Sabe aquela ajudinha que gente quer dar para o Espírito Santo. Afinal só Ele que consola, que conforta, e que pode ajudar neste momento de perda. Mas a gente quer estar ali. Assim me conformei com as boas lembranças do meu tio.

Eu não pude estar pessoalmente no velório, mas com as novas ferramentas que temos, atualmente, pude participar através de chamada de vídeo. A minha mãe ligou e colocou o vídeo no velório para que eu pudesse sentir que estava junto com a minha família também no momento de dor. Admito que foi muito diferente essa experiência.

Já neste último ano perdi mais dois parentes. Nesses eu não pude participar virtualmente, mas ficaram boas lembranças. Nós passamos por isso. A perda de entes queridos é inevitável. O que pensar? O que dizer?

O que sentir? O que fazer? Depender do Senhor é ser também consoladas pelo Espírito Santo mesmo distante. Eu sempre digo: posso estar longe geograficamente, mas estou perto em oração e em comunicação com a minha família.

Esses momentos de perdas e de dores nós vamos passar. Nós vamos enfrentar a tristeza, a perda, a solidão, e o sentimento de muita saudade. Mas teremos também muitas lembranças boas. Lembro-me também que tinha o hábito de fechar os olhos e me ver naqueles lugares onde eu tinha o costume de andar e passear quando a saudade apertava. E assim o Senhor vai nos ensinando.

Leia, grave e decore Josué 1.9: *"Não to mandei eu? Esforça-te, e tem bom ânimo; não temas, nem te espantes; porque o Senhor teu Deus é contigo, por onde quer que andares."*

"Viva cada dia de uma vez e tente superar as dores dos dias anteriores. Se não der conta, tente novamente, pois Deus é contigo."

Pra Cristina Septimio

Expectativa das visitas

Quando nós somos enviadas e estamos longe da nossa casa, do nosso lugar de origem e da nossa cidade natal sabe o que a gente mais espera? É uma visita de alguém do nosso país. No primeiro ano aqui na Alemanha eu tive o privilégio de receber os meus pais e o meu filho primogênito por dois meses. Que alegria, Jesus! Como nós somos agraciados.

Eu sei que você quando está aí nas nações espera uma visita do pai, da mãe, dos filhos, dos netos e dos amigos do seu país. E quando esse dia chega, e antes e até mesmo desse dia chegar, há uma preparação na casa. Cria-se um ambiente de expectativa para a chegada daqueles que moram no nosso país de origem. E eu me lembro que eu queria preparar tudo e a primeira coisa foram os quartos. Porque o que nós precisamos saber é hospedar os nossos parentes e amigos que vem nos visitar.

Como eu já disse meus pais já me visitaram duas vezes aqui na Alemanha. E na última vez a minha mãe ficou três meses comigo. Quando ela foi embora a sensação era que ela tinha morrido. Porque em todos os lugares que eu ia, via que ela não estava presente e me entristecia.

Foi aí que minha mentora e amiga pastora Lú Peder disse: "Moaby procure falar com a sua mãe todos os dias. Procure conversar sempre com ela". E essa dica da minha mentora também passo para você. Por aqueles que já foram enxugue as lágrimas e se alegre com os que ficaram, com aqueles que ainda estão vivos distante de nós, mas só geograficamente.

Que nós possamos fazer ligações diárias. Ligar, conversar, ouvir, e ver por vídeo conferência. Que possamos sempre estar perto da família. Acompanhando a família. Senti-los ali próximos da gente. É algo muito, muito importante.

Viagens Missionárias

As mulheres nas nações muitas vezes vão viajar e viajar muito. Talvez até mesmo quando não sentir vontade, mas ela precisa ir cumprir o ide. Isso exige que nós deixemos nossa casa sempre em ordem e família organizada. Vejam o que aconteceu comigo há pouco tempo: eu fiquei duas semanas na Itália; fui ministrar em seguida na Holanda; e dois dias depois parti para ficar quinze dias na Áustria.

É sério mulheres, eu tive dois dias para organizar a minha casa. Limpei, fiz almoço, montei a mesa posta para as crianças, e, fiz uma coisa que muitas mulheres detestam, passei e dobrei todas as roupas muito bem dobradas. Organizei tudo para quê? Para deixar a casa em ordem para os meus filhos porque o que eu preciso é ir percorrer as nações. Preciso ir cumprir a palavra profética. Muitas vezes queremos ficar mais tempo em casa, descansando e curtindo.

Olha só que interessante eu queria muito ter plantas na minha casa. Queria até um coqueiro na minha sala, mas eu não tive tempo para comprar. Eu desejei e sabe que Deus ouviu o que eu queria e uma amiga de rocha me ligou e disse: "Pastora eu estou com umas plantas aqui posso levar para sua casa." Veio exatamente as plantas que eu queria. Isso na noite que eu iria viajar para outro país. Eu ganhei muitas plantas. Nossa casa está com muito verde, coqueiros, e plantas altas lindas. Antes de sair Ele fez, cumpriu o meu desejo. Ele cuidou dos detalhes e eu não tinha pedido, mas desejei e Ele me ouviu.

É claro que eu fiquei feliz. Muitas vezes nós temos que sair, como eu disse, sem muita vontade, mas temos que ir e às vezes ficar dois ou três dias fora de casa ou mais, na última viagem que foram quinze dias. Foi desafiador para mim ficar tanto tempo longe. Pois tenho filhos e também uma bela cachorrinha que fica na porta chorando de saudades.

"Deus jamais deixará de cumprir uma promessa que Ele fez a você a não ser que você não queira ou que não foi Ele que prometeu."

Pra. Ruth Meira

CAPÍTULO 3

Women In Nations

Unidade de pastores

Começo esse capítulo contando-lhes algo muito óbvio: a Unidade de Pastores na Alemanha começou com as mulheres. Os três primeiros meses foram somente com mulheres, depois que nós tivemos a direção de Deus que aqui na Europa seria mista, ou seja, os homens também iriam participar.

Talvez você me pergunte como aconteceu isso e eu só posso dizer que quando estamos dispostas a cumprir o nosso chamado o Pai se encarrega de trazer as ferramentas até nós. No meu caso as mulheres. Comecei a criar vínculos de amizades fortes e semelhante ao que fazia no Brasil, passei a receber algumas pastoras na minha casa só para tomar café.

Minha estratégia era simples, abria a minha casa e colocava a mesa posta com pão de queijo, que o maridão faz, um cafezinho tentando imitar o gostinho do café mineiro, e com aquele bolinho de fubá ou aquele outro bolinho de laranja e por aí vai. Assim recebia algumas pastoras na mesa da minha cozinha ou na mesa da sala de jantar. Lá nós orávamos juntas e eu podia ouvi-las e aconselhá-las em dias que não eram de reunião. E assim foi se chegando aqui várias pastoras que moram na Alemanha.

"Onde há joelhos dobrados, não há batalhas perdidas."
Anna Paula Coutinho Wlizlo

A Unidade de Pastores também foi responsável pela chegada de algumas pastoras de outras nações. Elas vinham até a mim pedindo ajuda porque não queriam mais caminhar sozinhas. Queriam ter uma companheira de oração, uma discipuladora.

Imaginem várias pastoras da Europa pedindo um discipulado, e para caminhar comigo, para estar comigo e eu as colocava na minha mesa. Ou seja, começamos a hospedar essas pastoras e suas famílias. Começamos a hospedá-las em nossa casa, para poder amparar, aconselhar, ajudar na caminhada, e fortalecer com a Palavra de Deus.

Discípulas nas nações

Então houve um novo nascimento: o discipulado com mulheres na Europa. Onde nos reunimos virtualmente, pois cada discípula está em uma nação. São todas pastoras, mulheres de Deus, mulheres que amam a Jesus, que se doaram, e se submeteram a estar debaixo de alguém. Para serem protegidas com cobertura de oração, com uma cobertura de amizade, de aliança, de fidelidade, de honra, de respeito, e de muito amor.

E foi com muito amor a Jesus que eu me abri para isso: para me doar para elas; para servi-las; para trazer palavras de incentivo, de encorajamento, de ânimo, de vida com Deus, de cura, de restauração, de libertação, de conquistas, de vitória, mas também tem palavras de exortação e admoestação. São palavras direcionadas para despertar.

Nossas reuniões começaram virtualmente. A nossa fórmula é simples baseada na troca de experiências: eu aprendendo com elas e elas comigo. E Deus também tem me presenteado com a oportunidade de estar com elas pessoalmente em seus países. Encontros individuais em que eu tiro um tempo para ouvi-las e aconselhá-las. Nós trocamos as mesas.

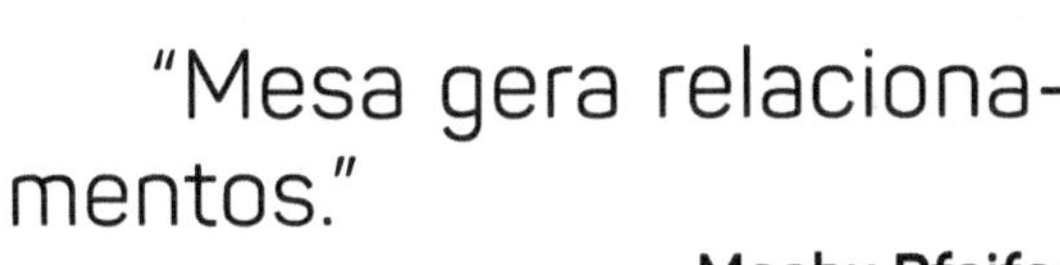

"Mesa gera relacionamentos."

Moaby Pfeifer

Já chegamos a receber pastora aqui para passar o final de semana, e ter um SPA particular. Ser cuidada por dentro e por fora. Ali eu posso orar com essa pastora, compartilhar a Palavra, o que Deus nos traz. Posso cuidar do físico também porque sou manicure e cabeleireira, trabalhei muitos anos com beleza e com a autoestima da mulher.

Então faço a unha delas, arrumo o cabelo, faço uma maquiagem e tiro fotos. Porque eu amo tirar fotos, eu amo! Uma alma curada gosta de tirar fotos. Não tem problemas com câmeras. Não tem problemas com fotografias. Mas não é só isso, não é só trabalhar o exterior ou interior, não. Nós vamos as compras. Sim, fazemos passeios, vamos ao shopping, vamos passear em família. O que eu vivi no Brasil foi só um ensaio do que Deus queria comigo aqui.

E a minha casa está sendo esse protótipo de algo que vai se realizar daqui a uns dias pela frente, algo grande também que o Senhor está preparando. Lugares maiores, melhores para podermos atender todas essas mulheres que são mães, são esposas, muitas vezes são profissionais que trabalham fora, são mulheres de influência, líderes em suas igrejas, mas que precisam ser cuidadas, precisam ser amadas, precisa de um colo, precisam de uma conversa olho no olho, precisam ser servidas também. Porque a Bíblia diz que aquele que serve será servido.

"Eu sei que eu sei que eu sei que o Senhor me chamou e isso me basta!"

Taylor Jaqueline

Tempo de Oportunidades

"Foi necessária uma Pandemia para a Igreja entender que foi CHAMADA para fora e não para dentro."

Pra Cristina Septimio

Tudo isso o Senhor tem trabalhado e em tempo de pandemia por causa do COVID-19 sentimos a necessidade de ampliar esse cuidado para mulheres de todas as nações. Afinal, o isolamento social mexeu muito com nosso psicológico e até com a nossa fé, pois muitas perderam entes queridos durante essa fase e isso abala qualquer um.

Diante dessa realidade eu senti que precisava fazer alguma coisa, precisava de algum modo trazer a esperança de volta para essas mulheres. E eu fui mais ousada: queria trabalhar apenas com a liderança porque se elas estiverem fortes, suas lideradas também estariam.

Eu não sabia bem como iria fazer, mas estava disposta. E Deus honra a nossa disponibilidade, por isso Ele colocou mulheres maravilhosas que me apresentaram plataformas virtuais em que eu poderia realizar o que tinha nascido em meu coração: o projeto Women In Nations. Tudo isso para a Glória de Deus e para cumprir o que Deus quer que eu faça com essas mulheres.

Quinzenalmente recebemos mulheres de várias nações, sedentas da Palavra de Deus. Somos privilegiadas por receber ensinamentos vindos direto do trono e transmitidos através de grandes líderes femininas da atualidade tais como a escritora e editora Nilce Sousa, coach Helen Klein, Ceres Silva, Dra. Adriana Alves, coach Lenir Araujo, Pra. Lu Peder (minha mentora), Pra Luciana Protásio, Pra. Juliana Araujo Rodrigues dos Santos (minha discipuladora), Pra. Tope Amadi, Dra. Maria Regina Basílio Teodoro dos Santos.

É inexplicável o que Deus tem feito. Mulheres sendo curadas de suas feridas físicas e emocionais pela internet. Dá para imaginar? Deus nos dá diversas ferramentas para cumprirmos o nosso propósito. Basta a nós nos dispormos e as utilizarmos para a glória Dele.

"Está sendo levantada por Deus uma geração de mulheres que não competem com outras, mas se completam e levantam umas as outras."

Cláudia Miranda

CAPÍTULO 4

Amigas de Rocha

Visão e Propósito

Sinto necessidade de falar um pouco mais sobre as Amigas de Rocha e do ministério com mulheres da MCM (Missão Cristã Mundial) e de como foram importantes para o desenvolvimento do meu ministério e ainda o são, de modo que hoje trabalhemos juntas nas nações.

O "Eu Me Deixo Curar" é um congresso voltado para o público feminino, com o propósito de despertar mulheres a viverem segundo os padrões bíblicos, resgatando valores e funções que o próprio Deus a designou, além de gerar momentos únicos de comunhão e fortalecimento da fé. A essência desse congresso baseia em: Cura, Relacionamento, Intimidade com o Abba e Missões.

Esse congresso nasceu dentro de um setor da MCM chamado Mulheres chamadas mães, por meio de um palavra que o Senhor trouxe à Pastora Juliana e as demais mulheres envolvidas nesse ministério, e mesmo antes que o evento pudesse se realizar, Ele começou a reunir mulheres e torno dessa visão de priorizar esposo, lar e filhos objetivando assim cumprir a Palavra e crescerem em intimidade com Deus.

E nessa mesma tônica essas mulheres começaram a se relacionar e buscar uma intimidade maior umas com as outras, ajuda, mutualidade e ensino. Esse grupo surgiu debaixo do entendimento de que cada uma era diferente, mas precisavam umas das outras e naquilo que algumas já tinham vencido poderiam ajudar as outras.

Depois de alguns anos a Pastora Juliana ao fazer uma reflexão sobre essas mulheres tão diferentes e no exercício de seus diferentes papéis passou a perceber que as unia o desejo de serem noivas de Cristo, de servirem e se submeterem a seus esposos e criar os filhos debaixo do temor do Senhor e que todas estavam comprometidas a chegar e ajudar outras a chegar nesse lugar.

Uma amizade assim não poderia ser descrita de outra forma senão firmada na rocha que é Cristo e "de rocha" como costumamos falar em nossa região, como algo genuíno, inabalável e excelente. Uma se levantando como apoio para a outra, seja por meio da oração, do aconselhamento e sempre guardando a discrição e sobretudo o amor.

Por isso, nas próximas páginas vocês terão acesso aos resumos de algumas ministrações dos nossos encontros. Vocês também podem assisti-las na íntegra no nosso canal do Youtube. Espero que gostem e que se unam a nós.

Resiliência

Pra. Moaby Pfeifer

Inicio essa série de compartilhamentos com um ensino que considero essencial na vida de qualquer ser humano, especialmente na vida daquelas mulheres que desejam servir o Senhor nas nações: RESILIÊNCIA.

Resiliência é a capacidade de se adaptar a mudanças e o que estamos vivendo hoje em função da pandemia por COVID-19 é uma importante mudança, a nível mundial e a humanidade está com dificuldades de passar por esta mudança. Por exemplo: os cultos agora são online/lives. E muitos tem reclamado, por que? Porque falta resiliência nessa área.

Uma Pessoa Resiliente é Adaptável As Mudanças!

Alguns tipos de Mudanças:

Mudança de clima: Eu saí do Brasil, um clima tropical, e vim para a Alemanha, um país de clima frio no auge do inverno. E tive que me adaptar. Então eu descobri que somos adaptáveis em qualquer lugar.

Mudança de residência: entenda que casa nova significa móveis e decorações novos.

Mudança de ministérios: O que você fazia antigamente e já não faz mais ou recebeu novas responsabilidades. Isso acontece porque os seus dons foram aprimorados. O Senhor te elevou de níveis em seu chamado.

Mudança na vida familiar: quando os filhos vão embora de casa; um divórcio; ou viuvez.

Mudança no corpo: a menopausa; a gravidez; o famoso efeito sanfona (emagrece e engorda)

E o que você faz diante de tudo isso? Glorifica a Deus.

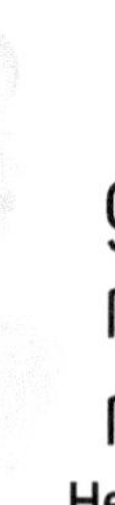

"Não importa quão grande é a dificuldade, maior é o meu Deus que me faz perseverar".

Helen Simone (Ilha de Bubaque em Guiné-Bissau)

Pense:

- Você é realmente resiliente?

- Você está aprendendo?

- Ou você tem dificuldades em ser resiliente?

Uma mulher resiliente:

1- Tem a capacidade de lidar com situações diversas

Não podemos viver a mercê das situações que a vida nos propõe, sofrendo suas consequências como insônia, dor de cabeça, diarreia, enxaquecas, etc. Nós temos que ter é maturidade, equilíbrio, domínio próprio, ou seja, os frutos do Espírito têm que ser visíveis em nós.

2- Sabe lidar com pressão

Pressão de pessoas, de sistema, de cultura.

Nós, mulheres líderes, pastoras e missionárias temos que saber lidar com as pressões da vida. Principalmente com o inimigo que nos persegue, Satanás e seus demônios. E também as pessoas disponíveis para fazer o papel dele em sua vida. Seremos sim perseguidas por outras pessoas para nos atingir.

3- Reage positivamente

Tudo o que você vê em uma pessoa ou em alguma situação procure extrair o que há de melhor.

Lembre-se que tudo é passageiro. Até a luta vai passar. O tempo passa, voa e tudo muda ao seu redor. Você sofre menos quando começa a perceber isso. Aja positivamente sem entrar em conflitos psicológicos ou emocionais, pois no final tudo dará certo.

4- É como a águia

A resiliência é a capacidade de dar a volta por cima. Então, você que é uma mulher águia verá tudo por cima, ou seja, com a visão do Espírito Santo. Aliás, o Espírito Santo me disse que as vezes nós fazemos e dizemos algo pensando que Ele não está nos ouvindo. Ele está lá. Ele vê. E Ele REALMENTE está no controle, somente creia.

Supere e lide com as adversidades. Tem coisas que vai acontecer e ponto, por isso seja realista para perceber que você não está imune de muitas coisas, que o fato de sermos seres humanos de carne e osso e vivemos na terra nos faz suscetíveis a muitas coisas. Por isso, pense no problema que você está enfrentando neste momento e saiba lidar. Supere isso.

5- Transforma experiências negativas em aprendizado

Aprenda com as experiências negativas da sua vida como o luto, a doença sua ou de alguém próximo. Não podemos estar em todos os lugares ao mesmo tempo. Não somos mulheres maravilhas e lembre-se que enquanto você não aprender não sairá delas; não mudará de nível. Você precisa evoluir!

Cinco sinônimos para uma pessoa resiliente:

1.	Reação positiva em relação as situações: Jesus e a filha de Jairo.

2.	Superação: pare de patinar. Seja curada. Testemunhe o que passou.

3.	Recuperação: se recupere das dores, perdas, traições.

4.   Resistência: a mulher é frágil, mas não é fraca. Não tenha medo do novo de Deus.

5.   Força: a sua força vem de Deus. Seja forte! Efésios 6.10: *"No demais, irmãos meus, fortalecei-vos no Senhor e na força do seu poder."*

Tomemos como exemplo feminino: Rute. Ela passou por cima do luto, mudança de endereço, fez serviços braçais, conquistou seu resgatador e venceu.

Exemplo masculino: Jesus. Dispensa apresentação.

A resiliência é voltar ao estado original após passar a pressão. Entenda: a Terra é do Senhor Jesus, mas o sistema é de Satanás. Sempre haverá uma guerra espiritual com uma guerra mental. E nós temos que saber lidar com isso.

Como você sabe que você é uma pessoa resiliente?

- Você é adaptável e tem flexibilidade;

- Sabe lidar com questões difíceis e se recupera de crises como o profeta Elias;

- Sabe viver o Novo de Deus como Ester que confrontou tudo e todos, mesmo sendo novo para ela, conquistou o reino e salvou o seu povo;

Por que nós devemos ser resilientes?

Porque temos que aprender a ser flexíveis. Para quem lida com gente é primordial. Veja como Deus age com a gente. Nós somos suas filhas. Temos que agir igual e sermos coerentes diante de situações de estresse, seja o emocional ou do dia a dia. Tenha como exemplo a mulher Sunamita e como ela se comportou quando seu filho morreu.

Uma mulher resiliente sabe viver a realidade e acreditar, crer, ter fé de uma maneira ou de outra que é possível ter o controle sobre toda a situação ou sobre os eventos da vida.

Quais os tipos de eventos que acontecem na nossa vida que essa mulher resiliente sabe viver com maestria?

- Morte;

- Divórcio;

- Perdas de pessoas, bens, amizades, etc;

- Doenças.

A resiliência nos dá força, fé e coragem para passar por tudo isso.

Para que serve a resiliência? Para lidar com os problemas da vida. Para superar as dificuldades. Para responder com equilíbrio as situações adversas.

Em resumo resiliência é nossa potencialidade de confiar em Deus e após uma grande batalha nos levantamos e nos mantemos em pé. Por isso, levante-se e continue porque a jornada é longa para nós!

A resiliência nos traz convicção:

- do chamado;

- da identidade como Princesa do Reino;

- da existência de um Deus que opera e que a levanta quando cair.

A resiliência humana vai até um certo ponto, mas quando temos o Espírito Santo em nós, Ele potencializa e nos leva para a frente. Veja o que diz o salmo 46:

"Deus é o nosso refúgio e fortaleza, socorro bem presente na angústia. Portanto não temeremos, ainda que a terra se mude, e ainda que os montes se transportem para o meio dos mares. Ainda que as águas rujam e se perturbem, ainda que os montes se abalem pela sua braveza. Há um rio cujas correntes alegram a cidade de Deus, o santuário das moradas do Altíssimo. Deus está no meio dela; não se abalará. Deus a ajudará, já ao romper da manhã. Os gentios se embraveceram; os reinos se moveram; ele levantou a sua voz e a terra se derreteu. O Senhor dos Exércitos está conosco; o Deus de Jacó é o nosso refúgio. Vinde, contemplai as obras do Senhor; que desolações tem feito na terra! Ele faz cessar as guerras até ao fim da terra; quebra o arco e corta a lança; queima os carros no fogo. Aquietai-vos, e sabei que eu sou Deus; serei exaltado entre os gentios; serei exaltado sobre a terra. O Senhor dos Exércitos está conosco; o Deus de Jacó é o nosso refúgio."

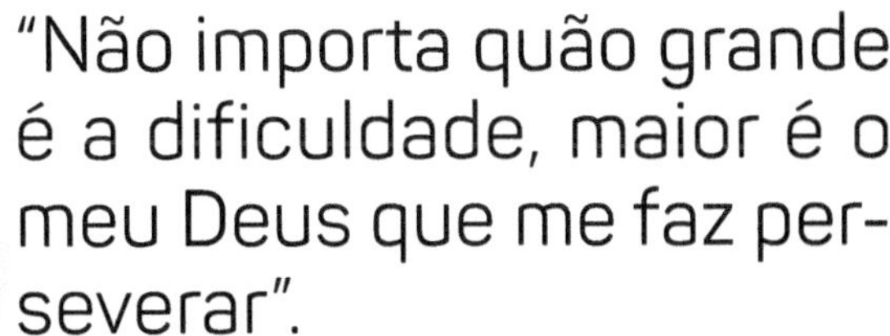

"Não importa quão grande é a dificuldade, maior é o meu Deus que me faz perseverar".
Helen Simone (Ilha de Bubaque em Guiné-Bissau)
Resumido por @escritora_evelin

Seu Lar, Sua Prioridade

Pra. Lily Rodrigues

Estamos vivendo uma época em que se tornou difícil focalizar qual seria o papel das mulheres, como devem agir, pensar, se colocar na vida. Hoje a sociedade tem exigido das mulheres mais do que elas podem oferecer.

Eu particularmente penso que não podemos nos desviar daquilo que Deus estabeleceu para a vida da mulher, aquilo que Deus espera de nós. Se formos pensar do ponto de vista bíblico sobre o papel da mulher em sociedade veremos que ele é em primeiro lugar voltado para o lar. Isso implica em cuidar dos filhos, do marido e apenas depois se voltar às necessidades da sociedade.

É necessário entender que quando uma mulher se casa sua prioridade se torna o marido e os filhos, pois ela é responsável pela formação do caráter deles, os filhos jamais podem ser colocados no mundo e lançados a sua própria sorte.

Quando pensamos no contexto de mulheres nas nações não deve ser diferente, pois é muito difícil pensar em uma missionária sem que antes tenha desenvolvido uma vida no lar, no cuidado com os filhos, como uma esposa dedicada e uma dona de casa excelente.

Hoje, o que vemos é a mulher se "revoltando" com o simples cuidado da sua casa e das tarefas no lar, não valorizando mais uma casa organizada, acolhedora, limpa, onde quem chega se sente bem e confortável.

Eu ouso dizer que uma mulher no contexto das nações só pode desenvolver um trabalho ao lado de seu marido, de modo que ele vá a frente, jamais ela. Foram pouquíssimas as vezes em que Deus levantou mulheres em pastorado e missões num ambiente saudável, elas apenas foram levantadas quando os homens falharam.

Temos exemplos em que mulheres foram levantadas como na igreja na Coreia do Sul do Pr. David Young Cho, considerada a maior igreja do mundo em número de pessoas, mas naquele contexto elas supriram uma falha, uma negativa masculina em cumprir o chamado.

Há quem me considere antiquada em meu modo de pensar, mas sou assertiva em dizer que a prioridade da mulher deve ser o lar, o marido e os filhos e apenas depois que ela realizar essa obra ela pode partir para um segundo tempo, um segundo mover de Deus.

Isso não significa de modo algum que ela não possa ser usada por Deus nesse tempo, pois no lar a mulher tem todo um ambiente para levar pessoas a Cristo. Dentro da sua casa ela pode ser agente de transformação na vida daqueles que chegam, que batem a sua porta e que se aproximam do casal em busca de ajuda.

Feminilidade Alinhada E Ativada

Pra. Juliana Araujo Rodrigues dos Santos

Temos que entender o TEMPO das coisas. Quem entende o tempo das coisas tem tudo para ser sábio. Ao sábio também é dada a capacidade de entender quem é o seu inimigo. E ele não é seu filho, esposo ou qualquer outra pessoa, mas sim o próprio Satanás.

Satanás tem trabalhado desde a Revolução Industrial até hoje para nos distrair. Ele tem gerado um culto emocional e não racional. O nosso culto a Deus tem que ficar 24h ligado racionalmente. Uma mulher precisa trabalhar suas emoções e fará isso compreendendo o que está descrito em nosso texto base:

> *"Rogo-vos, pois, irmãos, pela compaixão de Deus, que apresenteis os vossos corpos em sacrifício vivo, santo e agradável a Deus, que é o vosso culto racional."*
>
> *Romanos 12:1*

Alinhamento de Feminilidade

A mulher é o ser de maior influência. Portanto não podemos ser mulheres distraídas com nada, pois estamos no tempo do fim. E nesse tempo Satanás tem trabalhado na alma humana com o culto emocional. Estamos sendo afligidas por todo tipo de compulsões: alimentar, compras, sentimentos, falar. É um desejo incontrolado. Mas, ser de fato feminina é manifestar a glória de Jesus em qualquer situação. Veja essa impactante frase:

"Qual é o sentido útil da verdadeira feminilidade? Apresentar a glória de Deus de maneira que não seria possível se não houvesse a feminilidade."

John Piper

Por isso entendemos que a alma da casa é a alma da mulher, é a mulher que dá o tem e o humor do lar, por isso precisamos decidir ser curadas e assim ter nossa **feminilidade alinhada e ativada** em Deus e para que isso ocorra precisamos seguir alguns passos práticos:

1- Corra para os pés do Senhor

Chegue aos pés do Senhor e seja transparente. Não importa como ou onde você está, o Senhor vai onde você está para encontrá-la. Você NÃO está só! Tem três com você: Pai, Filho e Espírito Santo.

Perceba o que Satanás tem feito. ACORDE! Seus inimigos não são de carne nem de sangue, por isso lute e não se prenda a um culto emocional! NÃO se distraia!

A feminilidade é você passar um batom, se arrumar, se cuidar, levantar e ir fazer o que você foi chamada para fazer e contar com o Senhor para isso. Jamais se esqueça que JESUS É REAL e continua visitando amigos. Ele vai até onde você está, pega o seu cansaço e cura. Mas se precisar durma mais e descanse.

O maior mandamento é amar o próximo COMO a si mesmo. Se cuide! Cuide do seu corpo, da sua higiene, alimentação e durma o quanto for necessário e especialmente fique nua, no físico e na alma. Olhe-se no espelho e desnuda pergunte: essa sou eu?

No jardim o Senhor colocou os dois nus porque assim que é para ser. Devemos sempre ver as imperfeiçoes. A Bíblia diz em Provérbios 31.10: *"Mulher virtuosa quem a achará? O seu valor muito excede ao de rubis."*

Sabemos que as verdadeiras joias são cheias de imperfeições. As falsas são milimetricamente perfeitas, mas são FALSAS. Então ser sábia não significa ser milimetricamente perfeita. A roupa que o Senhor coloca em nós é feita com as mãos Dele e não com as nossas, precisamos ser vestidas com a feminilidade do Senhor.

2- Converta sua língua

Nós colhemos o que plantamos e uma mulher verdadeiramente feminina não vai falar nada do que for fora ou contra a Palavra, assim a Bíblia precisa ser o nosso livro de cabeceira.

Sugestão: leia as pequenas cartas de Paulo várias vezes, pois ali ensina como funciona uma igreja Viva.

Leia até o ponto de você começar a orar a Palavra. Ore Efésios 1.4: *"Como também nos elegeu nele antes da fundação do mundo, para que fôssemos santos e irrepreensíveis diante dele em amor."*

Nossa língua tem que estar conectada com a Palavra, por isso precisamos aprendê-la e fazer dela nossa oração e do Espírito Santo nosso professor. Fale com Deus e pergunte o que é para orar e Ele vai te orientar.

3- Saiba quem você quer ser

Sabemos que as feministas estão se igualando com os homens em todos os sentidos profissionais. Eu mesma sou enfermeira e professora de inglês, portanto a favor da mulher trabalhar, pois devemos ser úteis para a sociedade. Mas digo com toda a certeza que se você tiver a oportunidade de ficar em casa e cuidar dos filhos: FIQUE.

O ponto da feminilidade é a mulher querer ser quem ela não é. E nós precisamos ser aquela mulher que Deus quer que sejamos, aquela que Deus fez. Eu tenho que ser (**fale seu nome**).

Se alguma coisa não estiver batendo fale com o Senhor e Ele te alinhará. Mas jamais queira ser outra. E muitas de nós carregamos esse desejo desde a infância.

4- Saiba onde você quer chegar

A vontade do Senhor para nós é que casemos com Ele e veja o que diz em Salmos 15:

"SENHOR, quem habitará no teu tabernáculo? Quem morará no teu santo monte? Aquele que anda sinceramente, e pratica a justiça, e fala a verdade no seu coração. Aquele que não difama com a sua língua, nem faz mal ao seu próximo, nem aceita nenhum opróbrio contra o seu próximo; a cujos olhos o réprobo é desprezado; mas honra os que temem ao Senhor; aquele que jura com dano seu, e contudo não muda. Aquele que não dá o seu dinheiro com usura, nem recebe peitas contra o inocente. Quem faz isto nunca será abalado."

Você sabia que pode ir para o céu, sem morar com Jesus? Ir para o céu é bom, mas morar com Jesus é melhor. Deseje isso e a motivação e a cura do coração vão fazer de você santa.

Mulheres Brilhantes

Agora, vou ensinar-lhes seis pontos para ser uma Mulher Brilhante:

1- Ela VALIDA o marido

Nem sempre é fácil, mas não bata de frente com o marido. Isso não é paparicar, mas respeito diante de todos. Porque a alma masculina precisa sentir que está no controle de tudo. Respeite-o com os mínimos detalhes.

Tenha como exemplo Abigail. Pois, quando damos a Deus nossa submissão Ele vem dos quatro cantos nos ajudar. Então cumpra a Palavra e deixe Deus te ajudar. O amor é uma pessoa, conheça o amor!

2- Ela DÁ sinais de intimidade

A mulher brilhante mostra que é íntima de seu marido, isso é saudável para os filhos e para todos ao redor. No entanto, não faça isso por causa das pessoas, mas por causa do esposo. Por exemplo, a "beliscadinha" no bumbum mostra para os filhos que está tudo bem com os pais.

3- Ela NUTRE e CUIDA

Tenha sempre alimentos a sua disposição e seja criativa. Use a frase mágica: "Amor, o que você quer comer hoje?". Precisamos de mulheres que falem sobre o amor e cuidado com os maridos, pois ele está em falta hoje em dia.

Quer crescer? Faça isso perante o Senhor. Cuide do seu esposo e dos seus filhos. Queira fazer parte do bordado do Senhor! Cumpra seus propósitos.

4- Ela GERA interação

A esposa de Noé foi uma jogadora de equipe porque ela uniu o pai e os filhos para entrar na arca. A mulher brilhante interage e gera algo para a família na mesa, ela é um instrumento de Deus para unir, jamais para separar.

5- Ela é a DONA da casa

Ser dona de casa não significa apenas limpar, mas a mulher brilhante além disso cria o espaço de adoração em seu lar. A casa não pode ter duas donas. Quem toma conta da sua cozinha pode não te respeitar mais, por isso vigie a sua cozinha, pois a preguiça é contagiosa.

Jamais terceirize a sua cozinha, pois mesmo que você tenha alguém que faça, você deve administrar, decidir o cardápio. A autoridade está nas suas mãos. O homem tem o governo, mas a mulher cabe a administração.

6- Ela é FELIZ

Precisamos sempre nos analisar, pois corremos o risco de nos tornarmos amargas e assim amargar todo o ambiente. Portanto comece pensando: "Quem eu tenho que perdoar? Para quem eu preciso pedir perdão?" Confesse tudo o que você já fez de errado e seja feliz, pois passou, acabou.

Não viva fora da sua realidade presente. Não se apegue demais ao passado nem ao futuro. Devemos viver apenas **20%** do passado, **10%** de futuro e **70%** de presente. Viva o AGORA! Viva a intimidade!

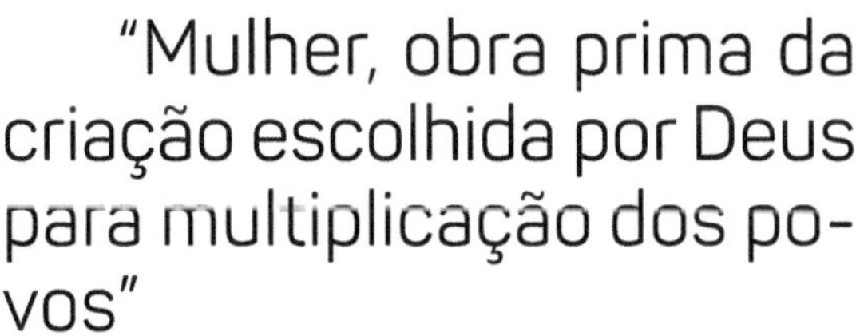

"Mulher, obra prima da criação escolhida por Deus para multiplicação dos povos"

Pra. Virgínia Maria de Almeida Ferreira

Resumido por @escritora_evelin

Liderança Feminina Cristã E A Relevância Do Seu Papel Na Igreja Local No Tempo Pós Moderno

Pra. Lu Peder - Psicóloga Clínica e Escolar

> *"Vai, ajunta a todos os judeus que se acharem em Susã, e jejuai por mim, e não comais nem bebais por três dias, nem de dia nem de noite, e eu e as minhas servas também assim jejuaremos. E assim irei ter com o rei, ainda que não seja segundo a lei; e se perecer, pereci."*
>
> *Ester 4:16*

Neste texto nós vemos que para que Ester se pronunciasse perante o rei teve um movimento atrás dela, que demonstra uma postura de liderança. A liderança, segundo a definição do dicionário, é a arte de comandar pessoas e atrair seguidores.

Dentro de uma visão mais moderna temos o conceito de *coaching* que se utiliza das técnicas e ferramentas para inspirar pessoas visando o crescimento delas. Assim deve ser a líder feminina. Se essa é sua pretensão, leia atentamente o texto a seguir:

"Estai, pois, firmes, tendo cingidos os vossos lombos com a verdade, e vestida a couraça da justiça; e calçados os pés na preparação do evangelho da paz; tomando sobretudo o escudo da fé, com o qual podereis apagar todos os dardos inflamados do maligno. Tomai também o capacete da salvação, e a espada do Espírito, que é a palavra de Deus; orando em todo o tempo com toda a oração e súplica no Espírito, e vigiando nisto com toda a perseverança e súplica por todos os santos, e por mim; para que me seja dada, no abrir da minha boca, a palavra com confiança, para fazer notório o mistério do evangelho, pelo qual sou embaixador em cadeias; para que possa falar dele livremente, como me convém falar. Ora, para que vós também possais saber dos meus negócios, e o que eu faço, Tíquico, irmão amado, e fiel ministro do Senhor, vos informará de tudo."

Efésios 6:14-21

Veja especialmente no versículo 18 que servir como líder é algo muito profundo e está muito além de uma fantasia ministerial, em que alguém pretende exercer liderança por qualquer razão menos por um chamado de Deus. O preço que pagamos é na intensidade que nos entregamos. Esse é o perfil de Jesus. Liderar para Deus é servir os liderados em um plano muito alto, profundo e comprido. As dimensões do preço estão descritas no capítulo 3 desse mesmo livro.

"Para que Cristo habite pela fé nos vossos corações; a fim de, estando arraigados e fundados em amor, poderdes perfeitamente compreender, com todos os santos, qual seja a largura, e o comprimento, e a altura, e a profundidade, e conhecer o amor de Cristo, que excede todo o entendimento, para que sejais cheios de toda a plenitude de Deus".

Efésios 3:17-19

Temos que influenciar todas as mulheres que chegam até nós para que sejam parecidas com o nosso Mestre. Então, ser chamada para liderança em Cristo é algo muito profundo. E precisamos entender inclusive que por possuir um corpo biológico suscetível a ações hormonais diversas estar atentas para essa ação para não cair em armadilhas.

Não podemos de forma alguma exercer uma liderança masculinizada. Ou seja, muita cobrança para quantidade e perfeição, pois esse é um modelo externo. A mulher é interna, por isso age com a emoção. Porém, cai no erro de buscar muita produção e é analítica como o modelo masculino.

Por isso, proponho uma análise do modelo de liderança que você tem exercido e caso entenda que está agindo de forma inadequada, mude o foco e aja como mulher, feminina e criada com características particulares. Lidere com o coração e agregue tudo de forma mais tranquila.

A liderança feminina tem um potencial diferente no Espírito Santo. A mulher se move na coragem através da feminilidade de desenvolver situações e se essas potencialidades forem devidamente exploradas teremos uma liderança eficiente nos moldes bíblicos. Veja algumas posturas cabíveis na liderança feminina:

1- Saber ouvir

Ouça sem julgamento as mulheres que se aproximam de você. Não deixe que o endurecimento gerado pelas dificuldades que a vida nos impõe nos impeça de ouvir as pessoas. Elas estão falando e você já está tentando decidir o que vai falar? Isso demonstra que você não é um bom ouvinte.

Quando vierem falar esvazie-se dos seus conceitos e suas críticas internas. Porque a sua postura faz com que as pessoas pensem que não vão conseguir caber dentro de nós. O corpo fala então atente-se:

1.1- Postura da comunicação do corpo: O que seu corpo ou o corpo dela está falando naquele momento. Perceba como seu corpo se move quando está com uma mulher.

1.2- A postura do seu coração: A Bíblia diz que "enganoso é o coração do homem". O que você está sentindo quando a outra mulher fala?

1.3- Uma postura sentimental: O que a fala do próximo causa em ti. Cuidado para não usar o que aconteceu em você para resolver o problema do próximo.

Sabemos que tudo o que toca uma mulher nos toca profundamente e você precisa alavancar em saber como é a vida dela para saber onde está a ligação e como é a escuta espiritual dela.

De forma prática, gostaria de propor sete importantes pontos que devem permear a liderança feminina:

1. Ter boa escuta

2. Ter um preparo

3. Ter prontidão: Força da mulher

4. Preparar sucessoras

5. Comunhão com nossa liderança

6. Atenção ao tempo

7. Liderança horizontal: ponte entre o meu lado feminino e o masculino.

Sobre esse último ponto gostaria de falar mais propriamente de mulheres que sustentam a casa; levam filhos para a escola; cuidam de tudo e por isso são super duras, esquecendo seu lado feminino. Não permita isso, pois é como uma troca de identidade e o desejo de Satanás é desfigurar a mulher em todo seu potencial e feminilidade.

Na minha visão o papel do Espírito Santo na trindade é como o da mulher: consolar, confortar, levantar e acolher. Portanto, seja feminina, seja dócil mesmo nos tempos pós-modernos onde as mulheres estão fora e os homens estão dentro.

Faça um rastreamento na Bíblia e no mundo moderno em como as mulheres vem se comportando. Ferbe era uma espécie de Comune que tratava dos documentos dos estrangeiros. Dorcas era estilista e fechou seu negócio para trabalhar com as viúvas. Assista também a série Maria Madalena no Netflix, são 60 capítulos e perceberá que as mulheres podem exercer uma liderança sadia e feminina.

A Saúde Da Mulher

Dra. Luciana Protásio

Diretoria da ONG Mãos para as Nações

"Rogamo-vos, também, irmãos, que admoesteis os desordeiros, consoleis os de pouco ânimo, sustenteis os fracos, e sejais pacientes para com todos. Vede que ninguém dê a outrem mal por mal, mas segui sempre o bem, tanto uns para com os outros, como para com todos. Regozijai-vos sempre. Orai sem cessar. Em tudo dai graças, porque esta é a vontade de Deus em Cristo Jesus para convosco. Não extingais o Espírito. Não desprezeis as profecias. Examinai tudo. Retende o bem. Abstende-vos de toda a aparência do mal. E o mesmo Deus de paz vos santifique em tudo; e todo o vosso espírito, e alma, e corpo, sejam plenamente conservados irrepreensíveis para a vinda de nosso Senhor Jesus Cristo."

1 Tessalonicenses 5:14-23

Deus quer que cuidemos do nosso corpo porque Ele precisa dele saudável para nos usar até a velhice. Perceba o COVID 19, um problema que está no corpo, mas está atingindo o emocional, psicológico, financeiro e todas as demais áreas, pois somos seres completos e complexos.

O corpo da mulher é um corpo complexo, pois passa por quatro fases hormonais todos os meses. Nós temos o hábito de descontar tudo na comida. Recebemos esse ideal no nosso subconsciente quando éramos pequenas, pois nossas mães queriam compensar a ausência delas com comida.

Precisamos nos cuidar para não engordar, pois não é apenas uma questão estética, mas de saúde e o Espírito Santo nos quer bem. E precisamos mesmo ficar bem. Afinal, como vou para as nações se eu ficar doente? Como vou cumprir os propósitos se meu corpo não me acompanhar?

Priorizar a sua saúde é uma QUESTÃO DE AMOR PRÓPRIO! As vezes temos dificuldades de amar as pessoas porque no fundo não nos amamos. No entanto, cuidar do corpo é uma responsabilidade comigo e com o meu chamado. Meu corpo também é um instrumento para a glória de Deus.

Qual foi o pecado de Eva? Onde ela foi derrubada? Na comida, no excesso, na glutonaria. Veja o que a Bíblia diz sobre quem come demais:

> *"Invejas, homicídios, bebedices, glutonarias, e coisas semelhantes a estas, acerca das quais vos declaro, como já antes vos disse, que os que cometem tais coisas não herdarão o reino de Deus."*
>
> *Gálatas 5:21*

Algumas pessoas na Bíblia foram derrubadas porque pecaram no apetite, não tiveram moderação. Precisamos ser moderadas em nosso sono, apetite, roupa, maquiagem.

Há uma grande batalha que vamos enfrentar nos próximos dias e precisamos estar preparadas e disponíveis. Por isso, anote essas dicas:

1.	Levante cedo e faça exercícios físicos. É possível conseguir isso.

2.	Leia livros de incentivo ao cuidado do corpo.

3.	Faça Zumba. Dance na sua sala.

Nós precisamos dar no mínimo 10.000 passos por dia. O nosso mestre Jesus andava em torno de 14 quilômetros por dia e nós somos suas seguidoras, precisamos estar bem no espírito, na alma e no corpo. Caso precise de mais incentivo, saiba que existem células cancerígenas que não são ativadas porque nós nos exercitamos.

"NÃO É SÓ O QUE EU COMO, MAS COMO EU COMO E O MOMENTO QUE EU COMO."

"Portanto, quer comais quer bebais, ou façais outra qualquer coisa, fazei tudo para glória de Deus."

1 Coríntios 10:31

Mas e o docinho? O açúcar?

Nós podemos comer no máximo 1 colher de sopa por dia, pois o açúcar é altamente viciante e prejudicial.

Outras dicas:

- Ressecamento intestinal: está ligado a falta de atividade física, comer muito açúcar e não beber água suficiente.

- Alzheimer: caso você tenha algum caso na família precisa de atenção redobrada para a prática de atividades físicas.

- O tipo de alimentação está interferindo nos hormônios do casal e isso mexe na área sexual.

- Não use suplemento de soja após os 40 anos. Ela colabora para o desenvolvimento do câncer para quem já tem casos na família.

- A atividade física ativa a Serotonina que traz a alegria. Ficamos mais dispostas e os hormônios ficam melhor.

- Mulheres acima de 35 anos tem que fazer musculação; pular corda para não desenvolver Osteoporose.

- Enfim procure ajuda. Para isso é necessária HUMILDADE. O Pecado nesta questão é não dominar a boca, preguiça e não se amar. Leia atentamente o capítulo 10 de 1 Coríntios e entenderá que o Senhor quer ser glorificado através do seu corpo.

Se mexa para a Glória de Deus!

E estou certa que enquanto você estiver na atividade física Jesus vai visitar você e o seu corpo e Ele vai aproveitar para falar contigo.

Viva essa experiência!

> "Não me preocupo de onde vem a luta; se Deus ou do inimigo, mas sim como me comporto diante delas."
>
> **Sandra Santos**

Resumido por @escritora_evelin

Liberando a Bênção Sobre a Sua Família

Pastora Tope Amadi - Nigéria

Líder Coach pela Acim Maringá e autora de 6 livros

"Então o anjo do Senhor veio, e assentou-se debaixo do carvalho que está em Ofra, que pertencia a Joás, abiezrita; e Gideão, seu filho, estava malhando o trigo no lagar, para o salvar dos midianitas. Então o anjo do Senhor lhe apareceu, e lhe disse: O Senhor é contigo, homem valoroso."

Juízes 6:11,12

Nessa porção nas Escrituras vemos que o anjo identificou Gideão como varão valoroso, apesar de ele estar escondido. Mesmo sendo o menor de sua casa Deus não o viu como menino, mas como homem valoroso. Por isso estou certa que DEUS NÃO VÊ COMO O HOMEM VÊ.

Aqui também vemos ao menos quatro estágios do agir de Deus em nossas vidas e através delas:

1- **Ouvir a Palavra** – essa ação renova e aumenta a fé, de modo que as forças físicas não nos abalarão.

2- Receber a Palavra – depois que a ouvimos é hora de acolhê-la e assim ela vai brotar, germinar e dar frutos em nossos corações. Isso fala da revelação no interior da palavra recebida e esse é um papel do Espírito Santo, precisamos apenas pedir. A revelação vai além da letra e é capaz de nos fazer superar as circunstâncias da vida.

3- Meditar na Palavra - A meditação nos ajuda a confiar. Em Mateus 6.34 lemos sobre como devemos lidar com a ansiedade; devemos crer que o Pai pode fazer tudo o que pedirmos em seu nome.

4- Declarar a Palavra - acreditar que recebeu e se comportar como tal. Deus chama as coisas que não são como se já fossem. É nesse momento que somos agentes de transformação, chamando à existência e crendo que quando somos fracos é que somos fortes.

Nós precisamos entender que não somos pessoas naturais, mas espirituais. Deus transferiu o espírito Dele para Adão e o fez capacitado para crer no poder dito através da sua boca. E dessa mesma maneira nós, cheias do Espírito Santo podemos orar e declarar palavras de vida em qualquer circunstância.

EU SOU MÃE DE PASTORES EVANGELISTAS E GANHADORES DE ALMA!

Quando você vir uma situação declare o que você quer. Use seus olhos espirituais e viverá o sobrenatural de Deus. Pode ser que outros não entendam suas declarações e até zombem das suas palavras, assim como riram de Jesus quando ele chegou para ressuscitar a filha de Jairo. Ainda assim, siga crendo e declarando, pois, o Senhor é fiel à sua Palavra.

1º Testemunho: Dodi Osten tinha câncer e recebeu a sentença de morte. Viveria apenas duas semanas e isso antes do natal. E ela começou a declarar e a ver a sua cura e vida. Até hoje, 55 anos depois, ela permanece viva.

2º Testemunho: Glória Kirkland casou pobre; dormia em caixa de papelão e morava em um cômodo. Ela leu na capa da Bíblia do seu filho a dedicatória que dizia: "buscai primeiro o Reino de Deus". Então, ela decidiu buscar a Deus e seu Reino e posteriormente começou a buscar versículos que falavam sobre finanças, orando em cima deles e declarando.

Ela dizia que a Palavra é como remédio: Tome duas cápsulas de manhã e duas a noite. Se não resolver dobre a dose. Em onze meses ela e sua família pagaram todas as suas dívidas e hoje tem o maior ministério nos Estados Unidos.

"A chave invisível que abre todas as portas".
Missionária Vanita Santos

Aprenda uma coisa: o espírito e o cérebro não entendem o que é brincadeira. Então não fale coisas que não deve e nem chame seus filhos por palavras das quais possa se arrepender depois. Por isso é importante declarar a Palavra de Deus sobre a sua vida e sobre a sua casa e acreditar no que você ora, pois vai receber.

"Por isso vos digo que todas as coisas que pedirdes, orando, crede receber, e tê-las-eis."

Marcos 11:24

Resumido por @escritora_evelin

Descansa Já Está Na Sua Mão

Dra. Maria Regina Basílio Teodoro dos Santos

"E abençoou Deus o dia sétimo, e o santificou; porque nele descansou de toda a sua obra que Deus criara e fizera."

Gênesis 2:3

A Bíblia fala que após Deus ter criado tudo, descansou. Mas pense comigo: será que Deus descansou porque estava muito cansado? Não. Ele descansou para nos ensinar a importância do descanso. O corpo descansa em casa, mas a mente descansa saindo do ambiente e nós temos o direito ao descanso em 2 sentidos:

1.   Descanso físico - é essencial que descansemos. Quem quer arranja meio e quem não quer arranja desculpas.

2.   Descanso da alma. "Alma cansada espera em Deus e no seu amor".

Sobre o descanso físico não há muito o que se discutir, pois se ele não acontece o corpo acaba colapsando. Mas o descanso da alma já é mais complexo, no entanto precisa se levado tão a sério quanto o físico. A alma fala de sentimentos e segundo os estudos e a Palavra existem alguns sentimentos que são chamados universais:

Alegria

"Regozijai-vos sempre no Senhor; outra vez digo, regozijai-vos."

Filipenses 4:4

Decida estar alegre em meio a todas as dificuldades e aprenda a sorrir. Aprenda a dar risadas, pois há um mistério nisso. Dê uma gargalhada agora onde você está. (lembre-se da aula de como sorrir).

Quando a gente ri nosso corpo tensiona porque mexe com todos os músculos. E quando paramos de rir (aquela respiradinha) é o grau, o ápice do relaxamento que nos dá saúde. O começo da risada é tensão, mas ao final a gente relaxa. Melhor é o fim das coisas do que o começo.

Dê risada com boca de jacaré. O sorriso mexe com todos os músculos da face e faz com que as rugas desapareçam. Ria sem reservas!

"O amor que nos ensina a repartir o pão também nos guia nos dias mais difíceis, fazendo brotar um lindo sorriso".

Sandra Homaied

Tristeza

É possível e até permitido entristecer-se, mas o que não podemos é permanecer tristes. A Palavra diz em Jó 41.22b: *"diante dele até a tristeza salta de prazer."* Deus é TUDO para mim e tem que ser para você também e com Ele mesmo se nos entristecermos por um momento a alegria virá logo em seguida.

Raiva

A raiva também é permitida. Veja o que diz em Efésios 4.26: *"Irai-vos, e não pequeis"*. Expressar sentimento é bom para sua saúde. Por isso, fale para seus filhos, por exemplo, que ficou com raiva. O que não devemos é permanecer enraivecidos.

Medo

Sentimos medo muitas vezes, mas a Bíblia diz que Deus não nos deu o espírito de medo. Quando o medo vier, busque no Senhor coragem, alívio, segurança e proteção. Confessar ao Senhor e as pessoas o nosso medo é importante, não deixe de expressar e falar sobre, mas jamais permita que eles o dominem.

Surpresa

Seja ela positiva ou negativa, creia na soberania e no cuidado de Deus com sua vida.

Nojo

Quem não tem posição, não decide pelo sim ou pelo não. Tome uma postura diante do nojo, pois decisões definem riquezas, destinos e futuros. Assim é o verdadeiro arrependimento, ele gera nojo pelo pecado.

Maturidade Emocional

No Senhor é possível viver esses sentimentos e também vencê-los. Uma pessoa normal vive de altos e baixos: vales e montanhas, mas precisamos buscar maturidade emocional para não deixar que os sentimentos nos dominem. Por isso, foque em saúde, pois ela é essencial para que possamos permanecer mulheres fortes. São elas:

1.   Saúde psicológica – administre o pensamento trazendo algo mais forte. Crie um clima de louvor e adoração.

2.   Saúde Biológica: Às vezes é importante você buscar ajuda. Tem coisa que acham que é demônio, mas na verdade é hormônio.

3.   Saúde social: Com quem eu tenho falado? Quem tem me influenciado? Me diga com quem andas e eu te direi a influencia dessa pessoa é boa ou não para sua vida.

Lembre-se de que você tem limites. Você precisa cuidar com muito carinho do seu descanso, da sua energia, da expressão. Fazer tudo com decência e ordem é uma instrução importante, pois esse conselho nos lembra que nossa missão é geográfica e temporária e não podemos abraçar o mundo com as pernas. Nós também precisamos investir no nosso descanso.

Descanse, mas prossiga

No entanto, descansar nem sempre é ficar parado. Tome decisões e as mudanças vão acontecer. Veja o que sucedeu com Abraão:

> *"Então levantou Abraão os seus olhos e olhou; e eis um carneiro detrás dele, travado pelos seus chifres, num mato; e foi Abraão, e tomou o carneiro, e ofereceu-o em holocausto, em lugar de seu filho."*

Gênesis 22.13

O cordeiro já estava lá, Ele apenas obedeceu e pode ter seus olhos abertos para o que o aguardava. Tudo o que você precisa já está na sua mão esperando que você reconheça. O mesmo aconteceu com Agar em Gênesis 21.19:

> *"E abriu-lhe Deus os olhos, e viu um poço de água; e foi encher o odre de água, e deu de beber ao menino."*

O poço já estava lá, ela só precisava enxergar, ver. Nós precisamos abrir os olhos do entendimento. Já está na nossa mão esperando que reconheçamos. Todos os dias o milagre vem nas suas mãos, se você pegar é seu, depende apenas de você decidir se quer pegar ou não.

"A oportunidade tem pouquinho cabelo na frente e atrás é careca: Agarre ela."

Resumido por @escritora_evelin

O Desencontro Do Essencial: Quando A Sexualidade Se Torna Seu Grande Conflito

Pra. Dra. Adriane Alves

Psicóloga Clínica

> *"Não vos priveis um ao outro, senão por consentimento mútuo por algum tempo, para vos aplicardes ao jejum e à oração; e depois ajuntai-vos outra vez, para que Satanás não vos tente pela vossa incontinência. Digo, porém, isto como que por permissão e não por mandamento. Digo, porém, aos solteiros e às viúvas, que lhes é bom se ficarem como eu."*

> *1 Coríntios 7. 5, 6 e 8*

Em nossa criação nós não aprendemos a lidar com a sexualidade como deve ser, no entanto tudo fala de intimidade e vamos ver isso na Palavra. Em primeiro lugar devemos esclarecer que arder de desejos é trocar carícias com as pessoas. E então você pode se perguntar: eu posso ter desejos? Pode e deve.

Existe beleza na sexualidade apesar de termos aprendido o contrário. O sexo é um complemento importante no relacionamento e quando o relacionamento não está satisfatório tudo fica ruim ao redor. Mas, o SEXO só pode ser resolvido na PRÁTICA. A oração só vai nos trazer força e energia para agirmos.

Sexo deve ser mais do que a junção de dois corpos. Nós interagimos, olhamos nos olhos e dialogamos. Deus não deu o sexo como o homem vê. Ele deixou como algo prazeroso. E tudo começa e termina no cérebro. Por isso, há alguns fatores que influenciam as mulheres a não ter desejo sexual:

- **Fator psicológico, emocional**

Você precisa ser sarada para sarar outras e superar os traumas causados por palavras negativas sobre a sexualidade, especialmente na infância. Você tem que ser realizada no casamento e saber QUEM você é nesse relacionamento e quem vocês são como casal. Qual o propósito de vocês?

- **Rejeição**

Se a Rejeição vem da mãe, geralmente, a mulher tem dificuldades de enfrentar a vida. Inclusive no casamento. Você briga até com o marido porque tem esses traumas inconscientes.

E todas essas situações podem causar:

1. Vaginismo que é a contração involuntária da vagina e causa muitas dores.

2. Não conseguem ter orgasmo. O orgasmo é o ápice do prazer.

Dica:

Durante o dia você tem que programar o cérebro para proporcionar uma alegria para o esposo e estar feliz por isso. É bom você se sentir desejada e para isso provoque-o de forma sábia. Você é uma mulher EX-TRORDINÁRIA e não há outra como você!

- **Fatores físicos**

Dor NÃO combina com sexo. A mulher depois de 35 anos perde progesterona e o desejo diminui. Quantas vezes no dia a mulher pensa em sexo? Uma vez e olha lá. Mas faça um teste: deixe o seu marido dormir e se ele estiver respirando ele quer sexo.

O homem está disponível a qualquer hora. Desde o início o homem foi criado para procriar. Se ele não estiver tem alguma coisa acontecendo. Ele também pode ter disfunção. Ele pode ter ejaculação precoce ou tardia. Tudo em excesso é um problema. O ideal de Deus em nossas vidas é equilíbrio.

O que está acontecendo que vocês não estão a viver bem isso? Analise.

O homem em sua essência é voltado para o sexual. Ele gosta de elogios, carícias e respeito. Isso o incentiva. Por isso, cuide do seu casamento como homem e como mulher independente do título.

Estrague seu cabelo querida se seu marido te chamar para tomar banho. Seja espontânea! NÃO PERCA OPORTUNIDADE!

- **Fatores religiosos**

Crenças limitantes também podem ser um impedimento para uma vida sexual sadia. Veja algumas:

- Tirar roupa é pecado.

- Fazer tal coisa é pecado.

A religiosidade mata. Olha a quantidade de pastores que caem e nós temos que quebrar isso.

Use o bom senso e busque saber o que pode e o que não pode fazer. Muitas estão paradas por conta disso. O livro de Cantares é começado pela esposa. Ela é quem chama o marido. Então use a Bíblia ao seu favor e não contra você.

Dica: leia Cantares para o seu esposo.

Saiba que existe ginecologista fisioterapeuta que cuida do vaginismo. Mas a mulher só consegue procurar ajuda se estiver bem emocionalmente. O vaginismo e a frigidez são perigosos pois podem levar a depressão.

Dicas valiosas:

- Solteiras

Espera em Deus e oferte para Ele sua virgindade. Isso fará toda a diferença em sua vida.

- Casadas

Para ressecamento vaginal use óleo de coco. É natural e sem contraindicações. Faz bem da cabeça aos pés.

A abstinência sexual durante muito tempo pode causar lapso de memória.

Faça atividades físicas, coma bem e tenha uma vida sexual ativa. Isso é realização.

Ore pela líbido do seu marido e pela sua. Peça para Deus colocar fogo nas suas entranhas.

Ore pela sua vida sexual. Ore pela sua satisfação. Ore para se satisfazer e satisfazer o marido.

Use a palavra: Eu sou potencialmente sexual. Eu sou a mulher que meu marido sempre quis.

O sexo agrada o coração de Deus!

Analise o que você precisa fazer para melhorar a situação.

Em Colossenses 3.17 diz: "E, quanto fizerdes por palavras ou por obras, fazei tudo em nome do Senhor Jesus, dando por ele graças a Deus Pai." Então, cuidado com os comportamentos desestimulantes como o autoritarismo por exemplo. Descubra e equilibre o seu temperamento com o do seu marido. Não seja tão dura e rígida com você e nem romântica em excesso e jamais conte sua intimidade para quem não pode te ajudar.

Temos dois altares na casa: mesa e cama. Deus fez para todos, mas o mundo aproveita e nós não. Você pode aprender para ensinar outras.

Não grite com seu marido; não grite com você.

Dê um agrado para você mesma.

Ame-se e permita-se ser amada.

A opinião dos outros não pode mudar a sua história.

Enfim seja REALIZADA e FELIZ! Seu Pai quer assim.

Resumido por @escritora_evelin

Ser Mulher - Uma Perspectiva Real

Pra. Lu Peder

"Da mesma sorte as esposas sejam honestas, não maldizentes, sóbrias e fiéis em tudo."

1 Timóteo 3.11

Começo com uma reflexão: ou as mulheres estão sofrendo e produzindo ou elas não sabem que estão sofrendo. Você sabe qual é o propósito que Deus tem para você? E você sabe qual é o propósito que você tem para a sua curta jornada de vida?

Observemos um pouco como somos definidas de acordo com a lei (ECA - Estatuto da Criança e do Adolescente):

0-12 anos: somos crianças dependente de tutores/família.

12-18 anos: somos consideradas adolescentes e permanecemos com tutores, mas com certa liberdade. Período de grandes crises sobre o que seremos e faremos do nosso futuro.

18-26 anos: jovens mulheres - vamos em busca das profissões e nos envolvemos em relacionamentos alguns tóxicos e outros não.

26-40 anos: adultas - buscamos a nossa profissão, capacitação diversas, casamos, temos filhos, lutamos por nossa posição social. Período altamente tóxico se não for vivido a luz do que Deus tem para nós.

O grande problema dessa fase é vivermos este período buscando os nossos propósitos, sem, contudo, observar os propósitos de Deus, não conseguimos alinhar nossos objetivos com os de Deus e isso gera muito sofrimento.

Pode acontecer de umas estarem bem dos 30 aos 38 e de repente caírem ou o inverso. Então, eu pergunto: será que essa mulher entendeu que pode se mover no Reino do Céu e viver muito bem? Precisamos saber que ambos os propósitos têm que se conectar e o que foge disso é uma fantasia feminina, uma fantasia ministerial.

Quando chegamos aos 40 anos já conseguimos nossas conquistas na terra, mas vem uma crise existencial. Porque neste momento somos chamadas para rever o nosso propósito de vida e ver se está conectado aos propósitos de Deus. É comum surgirem perguntas como: o que estou fazendo? o que vou produzir?

Para refletir a respeito dessas perguntas vejamos algumas mulheres e seus atos descritos na Palavra de Deus:

Eva

Gênesis 1.27: *"E criou Deus o homem à sua imagem; à imagem de Deus o criou; homem e mulher os criou."* Relata sobre a criação e como era a essência e natureza de Eva.

Sara

Gênesis 18.12: *"Assim, pois, riu-se Sara consigo, dizendo: Terei ainda deleite depois de haver envelhecido, sendo também o meu senhor já velho?"* Sara riu do anjo. Deus quer mudar a Sarai que tem em nós. Tirar o natural e nos tornar princesas como Sara.

Débora

Débora, seu nome significa abelha. É Igreja que dá alimento forte. Que nutre geracionalmente.

Joquebede

Seu nome significa vitória. Igreja que discerne espiritualmente e usa de estratégias para beneficiar a igreja e a família.

Entre muitas outras mulheres que fizeram história na Bíblia como Rute, Ester, etc. Todas essas mulheres eram como nós e tiveram suas crises, mas aquelas que foram realmente extraordinárias se conectaram a Deus e venceram seus limites.

Eu quero estimulá-la e buscar o significado do seu nome e mais que isso, buscar sua origem, seu verdadeiro propósito de vida. Você precisará:

1- Buscar no Senhor e ter a consciência que o DNA Dele está em você.

2- Identificar seu DNA natural, aquele que é proveniente da sua família.

A nossa tendência é esquecermos que temos a realeza celestial. Nós não somos do mundo, mas estamos nele. Só o sistema é que pertence a Satanás. Se você, que é essa mulher esclarecida espiritualmente, guerreira, tem dificuldades imagina as mulheres que vem ao nosso encontro, você precisa ajudar outras mulheres a descobrir sua identidade e seu propósito de vida.

Pense um pouco sobre o que é dito sobre as mulheres na plataforma familiar. Há quem diga que mulher é um bicho forte, mulher é guerreira, mulher ninguém compreende, mulher é doida e muitas outras características que a sociedade nos impõe.

No entanto, pense agora no que foi dito no céu a nosso respeito. Eu vejo na trindade a figura da mulher no Espírito Santo e Ele emana sabedoria, doçura, consolo e nos ensina tudo o que deve fazer. Por isso, reveja as duas falas e assuma o seu papel como realeza. Lembre-se de Provérbios 31. Essa é a mulher.

Tire as comparações da sua casa. Traga o respeito e seja a boca de Deus em seu lar. Se nós entristecemos o Espírito Santo, ele sai e nós nos tornamos mulheres carnais e rixosas, mas quando O chamamos de volta, arrependidas, Ele traz de volta o amor, a tolerância, etc.

Se eu entender a diferença entre o que eu sinto e o que eu tenho que fazer conseguirei colocar tudo nos seus devidos lugares. Os propósitos têm tempo e temos que os cumprir. O que não pode acontecer é a intenção cruzada me impedir, me atrapalhar de ser bênção na vida das pessoas ao meu redor.

É muito importante também que você tenha seu tempo de mulher. Precisa fazer a sua unha, sua caminhada e neste processo identificar onde está depositando a energia de sua vida. Tudo com dosagem para que você viva uma vida de realeza.

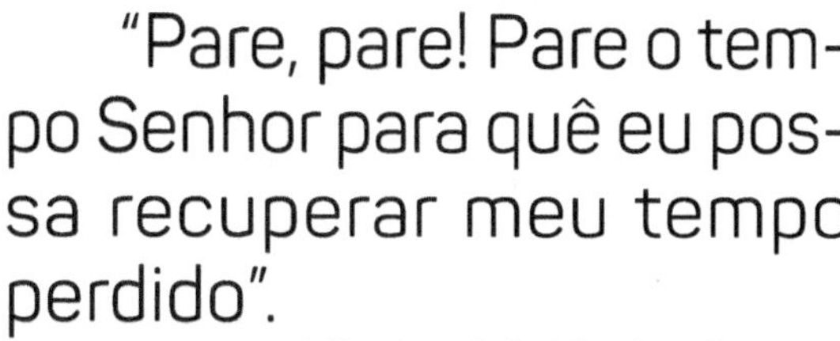

Ser mulher implica na consciência: O que eu desejo emocionalmente quais são as minhas necessidades e onde deposito meus maiores esforços. Procure identificar na sua pizza onde você está mais energizada e avalie. Para que você produza a 30, 60 e 100 por 1.

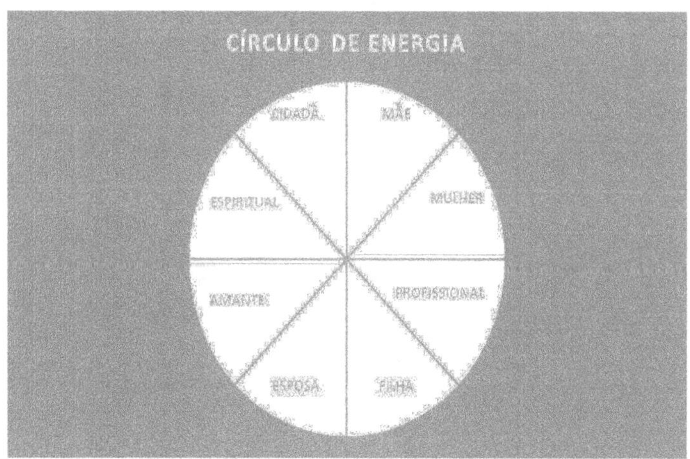

Resumido por @escritora_evelin

Superação

Pra. Nilce Sousa - Escritora

Segundo o dicionário superação é o ato ou efeito de superar; sobrepujamento (grande abundância; excesso, sobra, fartura) ou como costumo dizer é dar um "upgrade" na vida.

Quando estava em oração por essa mensagem na Conferência Internacional do Mulheres nas nações pelo Zoom, o Espírito Santo trouxe uma analogia no meu coração em relação as adversidades da vida diária e nossa capacidade ou incapacidade de superá-las.

Como o Espírito Santo nos ajuda a lembrar do que vimos ou ouvimos, entendo que Ele fala conosco com base no que já sabemos. E por isso falou comigo em relação a algo que conheço e creio ter autoridade para ensinar: a água.

Para que você possa entender o porquê vou usar o exemplo da água preciso relatar que a água foi o palco de uma das minhas mais fortes e profundas experiências de superação.

Pensar em estar na água sempre me trouxe um profundo desespero, posso dizer que se tratava do meu maior trauma, não era um receio ou algo assim. Quem me conhece sabe que nasci no interior de Goiás, uma cidade maravilhosa e cheia de águas, seu nome "Caldas Novas a capital das águas quentes".

Mas, aos meus onze anos vi a água tornar-se meu maior pesadelo. Toda minha família e eu fomos pescar e voltamos de lá com quatro caixões para sala de minha casa, era para ser um dia de lazer, mas eu vi morrer na minha frente meus três irmãos e um irmão de minha cunhada. Ter visto e ficado naquele rio até a chegada do resgate tarde da noite, me gerou muitos traumas e desesperos. Para mim água era relacionada a morte.

Quando me converti precisava vencer esse trauma com a ajuda do Espírito Santo, e para isso ele me deu algumas direções e uma delas foi o mergulho, hoje sou mergulhadora com brevet internacional, escrevo com detalhes tudo nos meus livros da série: Águas profundas (Mergulhando em Deus, Mergulhando no Espírito Santo e Mergulhando nos Dons proféticos).

Tanto como má experiência pessoal, quanto por crescer e viver numa cidade de muitos parques aquáticos, cachoeiras, lagos, rios e agora até praia artificial, quanto pelo próprio treinamento técnico do mergulho livre e com oxigênio, creio que tenho autoridade para ensinar com uma analogia sobre "águas".

Superação ou sobrevivência

Pense comigo na seguinte história:

Duas pessoas são jogadas na água numa correnteza, uma delas se debate nas águas e por ser jogada às margens é resgata por pessoas daquela correnteza. Eu a chamo de "sobrevivente". Já a outra passou pela mesma situação, mas aprendeu a nadar e mergulhar em águas profundas, ela não apenas sobreviveu, mas "superou/venceu".

Ambas, na escola da vida foram jogadas em uma situação de eminente dificuldade e perigo, mas lidaram de maneira e com motivação totalmente diferentes, uma só quis sair logo daquela luta e ficar livre dela, já a outra aprendeu com as correntezas da vida, com suas dificuldades, aprendeu a lidar com elas e sabe como superá-las.

Amanhã elas serão jogadas novamente na mesma água, na mesma correnteza e o "sobrevivente" se tiver sorte vai sair com vida da mesma situação, pois não aprendeu a lidar com as correntezas e muito menos como sair delas. Mas os que "superaram" sabem muito bem lidar com aquelas adversidades, tem, inclusive, como ensinar a outros a lidar com aquelas correntezas.

Sobrevivente

O interessante do sobrevivente é que ele não aprendeu a lidar, mas sabe muito bem respeitar, entender sobre aquelas adversidades pois as viveu pessoal e intensamente, conhece os sentimentos que estão por traz de uma situação como aquela, ele conhece o medo, o cansaço, a solidão, o desespero, a angústia e a tristeza.

Só quem passou por uma situação dolorosa sabe o valor de alguém que o ajudou nos dias em que acreditava que morreria, não conseguia ver o valor e a possibilidade de vida no meio de tanto desespero, nos dias em que poucos minutos pareciam anos e que se deu conta que jamais poderia sair daquela situação sozinho.

Agora, ele valoriza e respeita aqueles que superaram a mesma situação. Mas ainda assim, pensa que não foi chamado para nadar ou mergulhar, ou seja, lidar com sua dor, seu único desejo é sair logo daquilo e ficar livre. Pensa também que o simples fato de sair daquelas águas turbulentas e bravias já o fazem um vencedor, mas quero dizer que Deus quer ir além.

Uma vida de Superação

Fui para o evangelho muito nova, com uma semana de convertida fui batizada no Espírito Santo, em três meses estava com um grupo de irmãs orando num bairro e um ano depois já pastoreava jovens na sede, liderava uma congregação, projetos de evangelismo como conquista de cidade, atos proféticos, impactos evangelísticos e campanhas de orações. Pouco tempo depois tinha também uma loja evangélica, morava com meus pais de mais idade (filha caçula) e cuidava deles. Me afastei daquele ministério, mas um tempo depois estava com minha própria igreja.

Como pastora presidente de igreja local, continuava tudo que já fazia com mais um projeto social dentro da igreja. O dia todo no projeto, todas as noites na igreja local e as madrugadas nas campanhas de oração. Eu realmente acreditava que era uma superadora ministerial e que dominava a situação.

A insatisfação precede a unção

"A insatisfação precede a unção", o avivamento não começa com grande poder e arrepiar de Deus e sim com um coração insatisfeito que busca algo a mais, entrei num grande propósito de jejum e oração e permaneci por cento e sessenta dias, finalizando com sete dias em silêncio numa casa em jejuns e orações sozinha. Quando senti que Deus havia recebido terminei o propósito e descansei.

Deus movia e me levava a um outro nível Nele. Em um mês eu tinha tudo e no outro eu não tinha nada, lá se foram meus quinze anos de ministério local, minha mãe faleceu, estava em depressão, perdi tudo e me escondi no esconderijo no altíssimo "Missão Cristã Mundial". Ali eu descobri que na verdade eu era apenas uma "sobrevivente", que não havia aprendido a lidar com ministério local e nem era o que Deus tinha para mim, aprendi a amar, entender e respeitar a todas as mulheres que tem esse chamado.

Eu havia esquecido de uma pessoa muito importante para mim, que não vivo sem ela: eu mesmo. Naqueles anos não me dava o direito de ter um dia de folga, ir numa piscina, descansar, tirar umas férias, passear, um tempo comigo, me amar e cuidar de mim e muito menos dizer: Não! Não posso!

Depois de sete anos voltei para minha cidade natal, agora não mais para presidir ministério local e sim para servir, amar e apoiar aqueles a quem Deus confiou esse chamado para lidar com as águas turbulentas e bravias.

Aprendendo a aprender

Certa vez Deus silenciou comigo durante quatro meses, achava que nem queria mais saber de mim, mas depois de decorrido esse tempo Ele resolveu pronunciar uma palavra:

-Aprenda!

Eu mal podia acreditar, tanto tempo e Ele me disse só isso. Ele silenciou novamente, então resolvi obedecer, olhei primeiro dentro de mim, precisava me conhecer, saber o que habitava no profundo.

Funciona exatamente como no mergulho natural, chegamos todos empolgados para usar o cilindro de oxigênio, flutuar, etc. Mas para nossa surpresa, antes disso serão incontáveis aulas técnicas: "aprender a aprender!".

Não sabemos aprender, o nosso foco não é o técnico e sim o emocional, mas no mergulho primeiro você aprende sobre: embolia, hipotermia, oxigenação no cérebro, tempo que alguém leva para morrer sem oxigênio, etc. Outra característica no mergulho em relação a aprender é:

- Enquanto não consegue realizar um exercício na água não passa para o outro!

Eu me lembro que assim que cheguei nas aulas tinha um japonês fazendo um exercício, fiquei sabendo que já havia quatro dias que estava fazendo o mesmo exercício. Me contaram também que ele precisava do treinamento pois tinha uma loja de equipamentos de mergulho no litoral.

Não passou muito tempo e notei que o homem não estava mais lá, logo perguntei o que havia acontecido e fui informada que ele havia desistido. Fiquei triste pois para sua profissão (ou no seu chamado) ser aprovado naquele treinamento era muito importante. Desistir ou deixar para lá não é vencer o desafio e sim abandonar aquela dificuldade.

Aprender com Deus funciona da mesma maneira, enquanto não aprendemos não saímos da situação. Podemos ir rápido para as margens e ser resgatados, mas quando formos jogados naquela correnteza novamente veremos que não aprendemos a lidar com tudo aquilo.

"Aprenda a aprender "
Nilce Sousa

Aprender a aprender é isso: é conhecer as nossas fraquezas, dificuldades, debilidades, pois não podemos entrar em águas bravias olhando para as margens em quem vem nos resgatar ou nos tirar daquelas águas frias. Aprender a aprender é olhar para nós, entender sobre correntezas e como vamos lidar com elas, não saindo delas e sim dentro delas.

Para aprender de fato não podemos ter pressa em sair, ao contrário, aprendemos quando ficamos até que vencemos o que nos vencia, quando somos capazes de nadar e mergulhar nas águas que nos amedrontavam. Só vai aprender de verdade quem quiser viver aquela situação consigo mesma e não na dependência dos outros.

"O dom (chamado), traz a unção e a unção capacita e quebra o jugo"

Nilce Sousa

Aprendendo a descansar

Umas das coisas que aprendi nesse processo é saber que nada sei. O chamado vai nos levar naturalmente sem esforço, foi o que Deus falou comigo um tempo depois quando já me dava os livros: Me vi uma águia batendo muito forte as assas e disse:

- Deus estou cansada!

Ele disse:

- Então, plana!

Ficar se debatendo só vai cansar, já planar é aprender a lidar com os ventos. Escrevo melhor sobre isso nos livros (Desafios da águia – Vida Cristã, Voltando ao Primeiro amor e Diamante).

São nos nossos piores tempos, aqueles em que achamos que nem Deus quer saber de nós. que Ele nos leva a algo novo Nele. Vamos ver dois profetas, um tinha esse mesmo pensamento e outro não vivia exatamente o que os homens viam como avivamento. Leia atentamente:

"Então o anjo do Senhor lhe apareceu, e lhe disse: O Senhor é contigo, homem valoroso. Mas Gideão lhe respondeu: Ai, Senhor meu, se o Senhor é conosco, por que tudo isto nos sobre-

veio? E que é feito de todas as suas maravilhas que nossos pais nos contaram, dizendo: Não nos fez o Senhor subir do Egito? Porém agora o Senhor nos desamparou, e nos deu nas mãos dos midianitas. Então o Senhor olhou para ele, e disse: Vai nesta tua força, e livrarás a Israel das mãos dos midianitas; porventura não te enviei eu? E ele lhe disse: Ai, Senhor meu, com que livrarei a Israel? Eis que a minha família é a mais pobre em Manassés, e eu o menor na casa de meu pai. E o Senhor lhe disse: Porquanto eu hei de ser contigo, tu ferirás aos midianitas como se fossem um só homem".

Juízes 6:12-16

Gideão também pensava assim, quando Deus lhe confiou a maior vitória de sua vida. Precisamos aceitar o novo de Deus para nós, abrir mão do que sabemos fazer e partir rumo ao que Deus tem, isso se chama: "desaprender para aprender".

Aceite o novo de Deus, abra mão do que já sabe fazer e deixe o Espírito Santo o conduza à novidade de vida. Supere seus medos e seus traumas, suas inferioridades e faça algo novo.

Aprendendo a estar só

Uma das coisas que precisamos aprender é estar a sós com Deus e consigo mesma. Foi num tempo de um mês sozinha em oração que Deus me deu um treinamento "Discipulado de oração e adoração", todo baseado no Pai nosso. Foi num tempo de solidão ou isolamento social que Deus dava a João a revelação do céu, Nova Jerusalém, Trono de Deus, coisas que ainda viriam.

Eu imagino que João, o Boanerges ou "filho do trovão", acostumado a ir de cidade em cidade evangelizando em nome de Jesus, não era alguém que naturalmente gostasse de estar isolado ou separado dos demais, apenas com Deus enquanto seus amigos apóstolos experimentavam curas, sinais e maravilhas.

A Bíblia nos conta que até a sombra de Pedro curava, Paulo implantava igrejas e até ressuscitava mortos, mas enquanto isso João estava preso na ilha de Patmos. Hoje sabemos e aprendemos com ele, mas quando foi preso e nos primeiros dias e meses que sua alma de evangelista do amor deve ter se sentido abandonada por Deus. Foram quatro anos de isolamento e não creio ter sido fácil para ele.

Mas aquele tempo sozinho era o novo de Deus para ele, um novo nível. Hoje sabemos que nunca poderia experimentar aquele nível de revelações no meio das pessoas. Veja algumas delas e perceba a grandeza que aquele tempo de solitude trouxe a João:

"E no manto e na sua coxa tem escrito
este nome: Rei dos reis, e Senhor dos senhores."

Apocalipse 19: 16

"E os vinte e quatro anciãos, que estão assentados em seus tronos diante de Deus, prostraram-se sobre seus rostos e adoraram a Deus, dizendo: Graças te damos, Senhor Deus Todo-Poderoso, que és, e que eras, e que hás de vir, que tomaste o teu grande poder, e reinaste."

Apocalipse 11:16-17

"E vi um anjo forte, bradando com grande voz: Quem é digno de abrir o livro e de desatar os seus selos? E ninguém no céu, nem na terra, nem debaixo da terra, podia abrir o livro, nem olhar para ele. E eu chorava muito, porque ninguém fora achado digno de abrir o livro, nem de o ler, nem de olhar para ele. E disse-me um dos anciãos: Não chores; eis aqui o Leão da tribo de Judá, a raiz de Davi, que venceu, para abrir o livro e desatar os seus sete selos."

Apocalipse 5:2-5

E alguns dos meus versículos preferidos....

"E a cidade não necessita de sol nem de lua, para que nela resplandeçam, porque a glória de Deus a tem iluminado, e o Cordeiro é a sua lâmpada."

Apocalipse 21:23

"E as suas portas não se fecharão de dia, porque ali não haverá noite."

Apocalipse 21:25

Aprendendo a ensinar

Eu penso que Deus nos permite passar por várias situações difíceis nas nossas vidas não para nos destruir ou arruinar, mas para nos curar, fortalecer e nos dar bagagem para ensinar a outros. Ele nos resgata e sobrevivemos a alguns ministérios que passamos para amanhã ensinar a outros que estão vivendo da mesma maneira.

Precisei passar por ministério local para hoje no Instituto Cevi (Centro de Evangelismo) ao qual caminho, ajudar e fortalecer a vários que estão vivendo o que vivi no passado.

Deus nos leva a viver algo novo, existem tempos para todas as coisas, mas como mulheres não sabemos muitas vezes abrir mão do velho e viver o novo, comigo foi assim e por isso sofri tanto. Hoje sei o que não fui chamada para ser e uma delas e pastora presidente de ministério local. Estou feliz em aprender com Deus algo novo e fazer não o que gosto e sim o que Ele quer para mim.

Então, gostaria de dizer a você que está lendo: supere seus sentimentos, medos e traumas e veja o que Deus pode fazer em sua vida e por meio dela. Pare hoje mesmo de fugir das águas profundas e deixe que Deus te ensine a nadar.

"Um passado mal resolvido NUNCA é um passado PASSADO, ele é sempre um passado PRESENTE "

Nilce Sousa

Vou fazer uma outra mensagem para o próximo livro somente sobre aprender, uma das coisas mais difíceis para mim. Que o Espírito Santo te leve a viver onde Deus te plantou algo novo na sua caminhada cristã e lembre-se:

"Tudo que você viveu e sobreviveu é muito importante para o que Deus tem para você no seu chamado!".

O Tipo De Liderança Que Prevalece

Pra. Ceres Silva - Escritora e Palestrante

Para cumprir a nossa missão na terra, não podemos nos esquecer de quem somos sem Deus, pois só assim não iremos nos vangloriar. Entender nossa identidade é compreender que nossa suficiência vem de Deus e que só é possível ministrar a nova aliança pelo Espírito.

Temos que nos deixar ser trabalhadas em nosso interior para que alcancemos o alvo. O chamado da nossa vida só vem pelo Espírito porque pela nossa alma não conseguimos.

Quando lancei meu primeiro livro, em 2008, o Pai pediu que absolutamente todos os recursos fossem para as missões. Isso foi confirmação do meu chamado feito em 2004. Assim, todo o meu trabalho e ganho foi para a África.

"A direção de Deus inclui a provisão de Deus."

Helen Klein, coach cristã

Eu pensei que os trabalhos de minhas mãos iriam alimentar fisicamente as pessoas, mas Deus mostrou, através de meu chamado, que iria ensinar mulheres a pescar. Minhas obras se baseiam nisso. Como nós temos a necessidade de entender o processo do chamado de nossa alma. Eu fui chamada para alimentar a alma das pessoas.

Quando você entende quem você é e quem Deus é começa a ser algo prazeroso. É lindo saber quem somos com Deus, mas nunca se esqueça de quem você é sem Deus. Porque senão você nunca vai cumprir sua missão. Você aprende a suportar; sua alma sofre por amor de Jesus.

O conhecimento revelado é para os pequeninos e humildes que têm sede de Deus. Ele escolheu as coisas loucas do mundo para envergonhar os sábios. E Ele fez isso a fim de que ninguém se vanglorie na presença do Senhor.

O conhecimento que vivifica não é muitas vezes aquele que é comunicado, mas o revelado. Aquele que o Espírito Santo vem e nos sacode. Quando Ele vem e acha em nós um coração quebrantado e isso está disponível para aqueles que tem sede de Deus.

Sabe de quem Deus muda a sorte? Dos que O buscam de todo coração e o encontram. Veja: *"E buscar-me-eis, e me achareis, quando me buscardes com todo o vosso coração."* (Jeremias 29.3).

Tempo de Cativeiro

Nós estamos vivendo um tempo de cativeiro. Estamos vivendo um tempo em que o próprio Deus tirou o controle de nossas mãos para apurar os nossos corações, para nos levar a conhecer o que é santidade e buscar os interesses Dele.

São em momentos como o que estamos vivendo que nos damos conta que buscamos os interesses do mundo. O cativeiro vem para entrarmos no prumo. É o tempo de quebrantar o coração e perguntar ao Pai onde estamos errando, e só assim conseguiremos sair desse cativeiro.

Não podemos nos acostumar com o cativeiro, mas precisamos nos esforçar para chegar onde Deus precisa nos usar, pois ali vamos produzir vida. Muitos não sairão porque vão aprender o conhecimento mundano e buscarão os seus próprios interesses. Eles se acostumarão com o que conquistaram no cativeiro, assim como foi com Israel.

Oro para que nós mulheres possamos ser levantadas como mães espirituais. Deus tem chamado mulheres para se posicionarem como mulheres espirituais para gerar vidas. Mas para isso precisamos ser como Paulo ensinou a Timóteo, pessoas diferentes que buscam os interesses de Jesus.

Deus mudou a minha agenda. Ele viu que eu precisava desse tempo para receber o conhecimento revelado do Pai. O conhecimento revelado só vem para quem tem tempo para buscar a Deus.

Em Novembro de 2015 o Pai falou comigo: Pare de me colocar nos seus planos e se mova nos meus planos. E eu tive que deixar isso ser enraizado no meu coração.

Pródigos espirituais

Em Dezembro eu tive um sonho em que o Pai me pegou pela mão e andou comigo. Ele perguntou sobre o filho pródigo. e disse que nós estávamos pegando as coisas do nosso Pai e usando tudo a nosso favor, estávamos nos transformando em pródigos espirituais.

Aqueles que quiserem voltar serão bem recebidos, mas aqueles que não quiserem serão aniquilados. Durante um ano eu guardei essa revelação. Porque existe em muitos casos a necessidade de viver a revelação para poder depois ensinar.

A força que nos sustenta para que não desistamos do nosso chamado está no nosso espírito e não podemos fazer tudo na alma, na emoção ou na opinião pessoal. A força que nos sustenta precisa estar no espírito.

A Bíblia diz que Deus busca os verdadeiros adoradores que adoram no espírito e é vergonhoso para mim ver que Ele ainda os está procurando. O amor que Ele espera de nós é o amor ágape - a ponto de morrer por Ele- e a nossa força não é suficiente para isso se ela vier da alma.

Precisamos agradar a Deus e Ele se preocupa com vidas. Muitas vezes buscamos impressionar as multidões, mas o nosso papel é dizer quem Deus é, e não mostrar quem nós somos.

Lembre-se de Pedro, ele soube quem era Jesus, mas depois teve que ter isso enraizado nele. E só depois de negar a Jesus, quando foi confrontado por Ele, entendeu realmente quem Ele era.

Os filhos pródigos espirituais receberam um dom e estão gastando para seus meros prazeres. Mesmo envolvido nas coisas de Deus, eles não estão com interesse em Deus. Eles usam para seu próprio prazer. Pedro entendeu na carne o que era isso.

No sonho que tive no tempo de cativeiro Deus disse: "Pare de pôr nome no seu destino. Pare de achar que só tinha um alimento para a mesa. Isso mostrou o quanto os nossos olhos estão fixados nos homens. Estamos criando ídolos em nosso coração que aos nossos olhos são bons, mas tem roubado o lugar do Pai. Eu acordei com o Pai me chamando e Ele disse: se quiser continuar alimentando você vai ter que entregar o que eu te pedi.

Exemplos de Liderança que Prevaleceram

Davi

O tipo da liderança que vai prevalecer é aquela liderança como Davi e Golias. Naquela batalha estavam implícitos muitos benefícios para o vencedor, tal como ter os impostos pagos, a filha de Saul em casamento. No entanto, Davi teve como motivação defender a honra de Deus. Em todo tempo a nossa motivação está sendo avaliada. E nosso coração está sendo provado.

Rute

A liderança que vai prevalecer é aquela que quer fazê-Lo conhecido. Assim como Rute que foi com Noemi, mesmo sem que ela tivesse nada para oferecer. Se nossa motivação não for a de ajudar quem não nos pode retribuir ela precisa mudar.

Ester

Ester se prontificou a agir em favor de um povo. Ester teve que se colocar no plano de Deus, que era o melhor. Era necessário salvar um povo mesmo que isso significasse entregar a própria vida.

A grandeza de Ester está quando ela se dispôs a morrer para salvar aquele povo. Em nossos dias, muitas pessoas não sairão do cativeiro porque não estão dispostas a morrer, são apenas ouvintes e não praticantes da Palavra de Deus.

Cartas Vivas

Não podemos perder de vista que nós somos cartas vivas, mas o conteúdo é do Espírito Santo e o destinatário é quem Ele escolheu para receber. Leia atentamente algumas porções das Escrituras:

"Conjuro-te, pois, diante de Deus, e do Senhor Jesus Cristo, que há de julgar os vivos e os mortos, na sua vinda e no seu reino, que pregues a palavra, instes a tempo e fora de tempo, redarguas, repreendas, exortes, com toda a longanimidade e doutrina. Porque virá tempo em que não su-

portarão a sã doutrina; mas, tendo comichão nos ouvidos, amontoarão para si doutores conforme as suas próprias concupiscências; E desviarão os ouvidos da verdade, voltando às fábulas. Mas tu, sê sóbrio em tudo, sofre as aflições, faze a obra de um evangelista, cumpre o teu ministério".

2 Timóteo 4:1-5

Precisamos cumprir o que o Senhor determinou a nosso respeito e saber que a verdadeira coroa nos está reservada no céu. Infelizmente hoje temos aceitado a coroa da terra, as recompensas desse mundo, mas a verdadeira coroa é para aqueles que perseverarem até o fim.

A princesa quando sai do reino tem que sair de capa. Com a cabeça tampada porque o mundo pode querer raptá-la. Não está na hora de usar coroa, o momento é usar capuz para que as pessoas vejam a face Dele em nós.

Deus levantará mulheres que serão a imagem Dele na terra, mulheres que submeterão a um crescimento em todos os níveis: físico, intelectual e espiritual. Mulheres que se conformarão a Ele em seu modo se ser e agir, que entregarão sua vidas como sacrifício vivo, santo e agradável ao Senhor.

Resumido por @escritora_evelin e @paola_fachinelli

Ferramentas para Potencializar as Edificadoras do Reino

Helen Klein- Coach cristã

Use a ferramenta do coach para programar a sua mente para viver a mente de Cristo. Saia dos moldes do mundo para entrar nos moldes do céu. Sou uma leoa que está aqui para despertar outras leoas.

"E disse-me um dos anciãos: Não chores; eis aqui o Leão da tribo de Judá, a raiz de Davi, que venceu, para abrir o livro e desatar os seus sete selos."

Apocalipse 5.5

A Leoa que vive em mim

Filha de leão, leoa é! Tem um rugido preso nas nossas gargantas que precisa ecoar na terra. Estamos vivendo uma consciência estafada de não ser reconhecida, apesar de tantas renúncias. Nas nossas autoanalises temos nos sentido frustradas porque gostaríamos de ser amadas e reconhecidas melhor do que somos. Isso acontece porque sinaliza que você tem cumprido sua missão. No entanto. existem mulheres que ficaram sedadas para si mesmas. Esqueceram-se de quem são.

Pare por alguns minutos para realizar um Ato Profético:

- Pegue seu celular

- Fique de pé

- Descalça e sinta o chão

- Entre no estado de presença

- Feche os seus olhos para uma entronização

- Conecte a sua mente com a mente do Leão da tribo de Judá

- Se posicione

- Tome postura

- Lembre-se quem habita dentro de você: O Espírito Santo

- Conecte as suas células com o Leão

- Faça uma oração pedindo inspiração, consciência da sua identidade e missão. Instinto de uma leoa.

Você precisa aparecer

A porção que você carrega de Deus é maior do que você. Ele precisa te usar em lugares da terra que você tem resistido a ir. Existem ferramentas que o Senhor já te deu e você quer usar outras. Davi foi rejeitado, mas não paralisou por isso, ele usou as ferramentas que Deu lhe deu e venceu seu gigante. Quando Davi se posicionou ele ganhou nome.

Quem seria Rute se não tivesse se posicionado ao lado de Noemi?

Quem seria Ester se não tivesse se posicionado perante o rei e a morte?

Quem é você quando se posiciona?

Eu me dispus a arrastar 1 (um) milhão de pessoas para o Pai.

Como pode estarmos deixando os lugares de destaques com medo de se destacar? O nosso filho tem que nos ver como corajosas, como mulheres que enfrentam tudo.

Não pense que Deus não vê cada renúncia, pois são elas que tiram os "nós". Quando os "nós" internos forem tirados das nossas vidas seremos como os bambus por onde passam as águas do Espírito. Não tenha medo de deixar fluir vida através de você. Não tenha medo e nem preocupação com a sua reputação. Há um grito e um rugido em você que precisa ecoar.

Características da Leoa

Vou contar-lhes alguns segredos sobre as leoas:

1- Elas sabem cuidar do seu bando.

2- Ela tem o seu tempo de brincar e rolar com seus filhos (naturais e espirituais).

3- A missão dela é na escuridão, mas durante o dia na luz é o momento com a família.

4- No reino animal quem caça é a leoa, ela caça para o leão comer. Aliás, ela caça, mas a honra é do leão. A honra é de Deus e do seu marido. Entenda quem é o chefe ou o cabeça sobre você e dê-lhe a honra devida.

5- A leoa não caça sozinha. Somos igreja: corpo bem ajustado. Temos que estar ligadas e conectadas, ativar outras leoas e lutar as guerras que nos foram propostas.

6- As leoas só caçam no escuro. As vezes olhamos quão difícil é agir nos lugares, mas a luz só tem função onde há trevas.

7- As leoas rugem juntas para demarcar território e o som chega a 8km. Não fique sozinha busque estar perto de outras leoas.

Aprenda a lidar com suas emoções

Nesse momento peço ao Senhor que sobre você que está lendo venha a cura no mais profundo da alma, nas emoções que foram feridas. Que venha uma porção nova do céu e traga de volta o rugido e que você deixe de estar acuada. O medo é a fé no inimigo e Ele quer que esqueçamos quem somos e quem Ele é em nós, mas agora o pedimos a visão e a audição de leoa, um rugido forte e impactante.

Precisamos estar preparadas para lidar com emoções, se não for assim cederemos a raiva, ira e obras da carne. A emoção não entendida ou a emoção não reconhecida não pode ser contida.

"Mas será que é a mim que eles estão provocando?, pergunta o Senhor. Não é a si mesmos, para a sua própria vergonha?"

Jeremias 7.19

As emoções não tratadas e reconhecidas nos faz miar como gatinhas ao invés de rugir como leoas.

Quem é Você?

Como seria se hoje você estivesse vivendo sua melhor versão?

Você se abandonou, desonrou a Deus porque não cuidou do templo do Espírito Santo. A Bíblia nos manda amar ao Senhor como a nós mesmos, nós precisamos nos amar com tudo que temos e somos. Se você está amando mais o próximo você está em disfunção.

Jesus disse que veio para nos dar vida de forma plena e em abundância. Assim, se o seu casamento não é uma delícia: TRATE! Cuide! Abrace mais, sirva mais ao seu esposo.

Além disso aprenda a dizer NÃO. Coloque limites porque o inimigo quer desunir as famílias. Eliseu acompanhava Elias, isso nos mostra que precisamos de maturidade para saber onde e com quem ir ou não ir.

Tenha momentos de qualidade com as pessoas que você convive. Isso não é egoísmo. É o seu tempo. Pense como o seu filho se sentirá valorizado se você deixar tudo para ficar com ele, por isso busque um equilíbrio.

> *"Amado, desejo que te vá bem em todas as coisas, e que tenhas saúde, assim como bem vai a tua alma."*
>
> *João 1:2*

Busque ferramentas espirituais e terrenas, assim como Salomão fazia para construir os navios. Ele só contratava os melhores peritos.

O Legado

No legado de paternidade você deixa de olhar para si mesmo e olha para a causa. Davi não construiu o templo, mas preparou tudo para que seu filho construísse. Em I Crônicas 28 fala como Davi deu ao seu filho o legado e incentivo para que realizasse a obra. Tem coisas que o Espírito do Senhor tem colocado em seu coração e haverá uma continuidade em seus filhos. Há um legado que vem através de você!

Nós sabemos orar, interceder, entrar no secreto e batalhar. Mas não buscamos peritos. A batalha tem sido travada na mente das pessoas e se não buscarmos o que está alinhado com Deus caímos. Temos que comparar as nossas metas com o propósito idealizado no Senhor.

Você contruirá algo que tem um legado eterno!

Deixe tudo preparado pois você contruirá algo que tem um legado eterno. Se você não enfrentar as guerras os seus filhos terão que guerrear. E rugir onde você deveria ter rugido. Davi teve guerra o tempo todo, mas deixou para Salomão um reinado de paz.

As emoções das pastoras precisam ser cuidadas. Você não precisa fazer tudo para ser aceita. No bando das leoas cada uma tem uma função. E não é diferente com a gente: uma vai ter a visão, outra a velocidade, outra a técnica. Mas isso não a impede de aprender.

Se suas forças não estão renovadas verifique se não estás fazendo com a força dos seus braços. Isaías 40.31: "Mas os que esperam no Senhor renovarão as forças, subirão com asas como águias; correrão, e não se cansarão; caminharão, e não se fatigarão."

Viva hoje o melhor que você pode ser!

Maria Aparecida Chagas de Lima

Resumido por @escritora_evelin

CAPÍTULO 5

A sua Roupa está Pronta?

Pra. Moaby Pfeifer

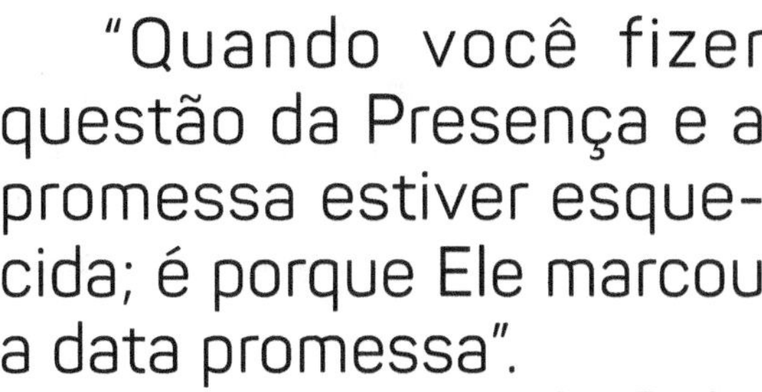

"Quando você fizer questão da Presença e a promessa estiver esque- cida; é porque Ele marcou a data promessa".

Ana Regina

Termino essa obra contando duas novidades: a primeira delas é que estamos com um material novo a ser lançado em breve com muitos outros conteúdos inspirados e que farão toda a diferença em sua vida e a outra e mais importante é que vai ter uma festa.

Nós mulheres amamos festas, festa é sinônimo de cabelos arrumados, maquiagem bem feita, unhas impecáveis e claro uma roupa bem bonita. A festa a que me refiro são as Bodas do Cordeiro e eu quero fazer a seguinte pergunta: A SUA ROUPA ESTÁ PRONTA?

Há pouco tempo eu completei Bodas de Prata e a minha preocupação foi com que roupa eu iria usar. Eu queria estar linda e bela para uma celebração tão marcante e especial. Isso exigiu de mim investimento e preparação, no entanto muito aquém daqueles que devo ter para as Bodas do Cordeiro.

"Então Jesus, tomando a palavra, tornou a falar-lhes em parábolas, dizendo: O reino dos céus é semelhante a um certo rei que celebrou as

bodas de seu filho; depois, enviou outros servos, dizendo: Dizei aos convidados: Eis que tenho o meu jantar preparado, os meus bois e cevados já mortos, e tudo já pronto; vinde às bodas. Eles, porém, não fazendo caso, foram, um para o seu campo, outro para o seu negócio."

Mateus 22:1,2 e 4

A Bíblia é clara em dizer que tudo já está pronto para as Bodas do Cordeiro de Deus, mas que alguns dos convidados não se deram conta da importância desse convite e o recusaram. Nós estamos aqui porque cremos que a volta do Senhor está próxima e que estamos às portas do Arrebatamento, precisamos dizer isso a todos quantos pudermos e estar prontos para não sermos deixados para trás.

Aqueles que desejam entrar no céu, precisam estar adequadamente trajados. Não conseguiremos entrar de qualquer maneira, com uma vida errada e despreocupada. É tempo de arrependimento dos pecados, conserto, pedir e alcançar o perdão.

A igreja de Jesus está aqui na Terra para anunciar isso, mas muitos não acreditam. Muitos estão focados nos seus próprios trabalhos; correndo atrás do seu próprio dinheiro, focados na pandemia e em tudo isso o que está acontecendo.

Mas, a igreja não poderia estar assustada, afinal a pandemia é um dos sinais da volta de Cristo, não há o que temer. É tempo de se alegrar, pois Jesus vai voltar para buscar a noiva. Uma noiva adornada, preparada e vestida.

"E o rei, entrando para ver os convidados, viu ali um homem que não estava trajado com veste de núpcias. E disse-lhe: Amigo, como entraste aqui, não tendo veste nupcial? E ele emudeceu. Disse, então, o rei aos servos: Amarrai-o de pés e mãos, levai-o, e lançai-o nas trevas exteriores; ali haverá pranto e ranger de dentes. Porque muitos são chamados, mas poucos escolhidos."

Mateus 22:11 -14

Veste Nupcial

No céu só se entra com a roupa adequada. Um pouco depois, em Mateus 24.33 nos é dado a horário dessa grande festa: *"Igualmente, quando virdes todas estas coisas, sabei que ele está próximo, às portas."*

Tem gente que quer saber a hora da festa para consertar sua vida só quando estiver próximo, quer viver sua própria vontade até a volta. Mas, o fato é que ninguém sabe exatamente quando acontecerá, só sabemos que será como nos dias de Noé. Ele anunciava o dilúvio e o povo não dava crédito a ele, estavam preocupados em comer, beber e se casar até o momento em que Noé entrou na arca.

Vigie

Quando está para acontecer algo normalmente ficamos atentos. Mas ultimamente a igreja está distraída com os brinquedinhos da Terra, por exemplo: carro, casa, família, trabalho, mas tudo isso é passageiro. Você pode aproveitar o que Deus te deu para desfrutar, mas nunca parar por aí, pois nossa verdadeira vida não é aqui na Terra. Tem uma vida melhor para nós sendo preparada na eternidade.

Há uma eternidade esperando por mim e por você. Você precisa estudar mais, orar mais e pensar mais sobre isso. Leia o Apocalipse sem medo. O Espírito Santo nos ensinará tudo. Ele nos ensina, anima, incentiva e consola.

"Por isso, estai vós apercebidos também; porque o Filho do homem há de vir à hora em que não penseis."

Mateus 24:44

No capítulo seguinte, Mateus 25 nos narra uma parábola muito conhecida em que dez virgens estavam à espera de seu noivo, mas acabaram dormindo. Então, o oriento:

NÃO PEGUE NO SONO!

NÃO DEIXE O MUNDO TE ADORMECER!

NÃO COCHILE!

DEPERTE!

QUE VENHA UM DESPERTAMENTO NA SUA VIDA ESPIRITUAL!

Veja também que apenas cinco delas estavam preparadas, estavam prontas e devidamente vestidas. As vestes nupciais são:

1- Sua vida de oração

Como anda sua vida de oração? É religiosa. Só ora quando vai à igreja ou quando precisa. Ou você não sabe orar? Orar é conversar com Deus, é simples, um diálogo em que falamos e ouvimos. A oração é uma ordem: *"Orai sem cessar."* (1 Tessalonicenses 5.17), mas que deve se tornar um estilo de vida.

2- Sua vida de consagração

"Dias virão, porém, em que o esposo lhes será tirado, e então, naqueles dias, jejuarão."

Lucas 5.35

Jejum não é uma barganha com Deus. Não é troca. Jejum é consagração.

Ele mortifica a carne, fortalece o espírito e faz ficar mais perto do Senhor.

3- Sua vida de leitura bíblica

Ler a Palavra nos fortalece. Como está a sua saúde espiritual?

Procure ler a Bíblia quando não está cansado nem com sono. Ela foi feita para lhe despertar não para adormecer.

"Não se aparte da tua boca o livro desta lei; antes medita nele dia e noite, para que tenhas cuidado de fazer conforme a tudo quanto nele está escrito; porque então farás prosperar o teu caminho, e serás bem-sucedido."

Josué 1:8

Já estamos no fim dos tempos, os sinais já estão aí e o que nos espera conforme 2 Timóteo 3.1: "Sabe, porém, isto: que nos últimos dias sobrevirão tempos trabalhosos." os últimos dias exigirão de nós muita vigilância e prática da Palavra.

E eu quero te ver lá neste Grande Dia!

Resumido por @escritora_evelin

Tem Mais

Estou certa que você foi profundamente tocada, ministrada, confrontada e encorajada com esses ensinos e quero convidá-la a contar para nós sua experiência através de contado pelo email womenandnations@gmail. com não deixar de adquirir as próximas publicações e fazer parte desse movimento de mulheres que buscam seu lugar no Senhor, amando Jesus e servindo os seus.

Jamais esqueça que Deus a ama e a criou para uma missão extraordinária e submetendo-se aos processos e cuidados do Mestre você verá quão nobre é a missão confiada a você de manifestá-Lo como uma mulher bíblica e comprometida em agradar o coração de Deus, além disso jamais deixe de investir em suas vestes espirituais, para ser achada digna das Bodas do Cordeiro.

Que Deus a abençoe!

BIOGRAFIA

Brasileira de Minas Gerais, esposa do Pr. Marcelo Pfeifer; mãe de três filhos: Matheus Henrique, Moyses e Hadassa; exerce seu ministério voltado para mulheres, incentivando-as ao retorno da feminilidade.

Fundou a Unidade de Pastoras na cidade de Uberlândia - MG- Brasil, onde coordenou a realização do Congresso de Mulheres da MCM por cinco anos consecutivos e após sete anos pastoreando junto a seu esposo Pr. Marcelo Pfeifer no Brasil mudaram-se para a Europa.

Na Alemanha, onde atualmente residem se tornaram líderes fundadores do ministério Pastoren in Einheit (Pastores em Unidade), que visa o relacionamento pessoal e com Deus entre os pastores de diversas nações, independente da denominação. O projeto já funciona na Alemanha - Norte e Sul; Áustria; Portugal e Itália.

Paralelo a Unidade de Pastores, Moaby lidera o projeto virtual Women in Nations (Mulheres nas Nações) que incentiva, inspira e conecta relacionamentos entre pastoras, esposas e missionárias de diversas partes do mundo, promovendo discipulado e cura a diversas mulheres ao redor do globo.

Moaby Pfeifer

CONTATOS

Email: womenandnations@gmail.com
Youtube: Women in nations Mulheres nas nações
Instagram: @/womeninnations_
Facebook: https://www.facebook.com/womeninnations
Womeninnations.blogspot.com